내가 선택할 수 있는
품격 있는 태도에 관하여

내가 선택할 수 있는
품격 있는 태도에 관하여

덜 흔들리고
더 단단하게

나만의 속도를
찾고자 하는
당신에게

김종원 지음

dignified attitude

오아시스
Oasis

단단하고 현명하게 살아가고 싶지만, 자주 흔들리는 당신에게

미처 예상하지 못한 힘든 일이 생겼을 때 누군가는 크게 분노하며 "왜 하필이면 나한테 이런 일이 생기는 거야!"라고 외친다. 반면 어떤 사람은 차분한 표정으로 '내게 이런 일이 생긴 데는 그만한 이유가 있겠지.'라고 생각하며 사색에 잠긴다. 전자는 인생을 비관하지만 후자는 방법을 찾는다. 결국 힘든 일에 대처하는 태도에 따라 삶의 수준은 완전히 달라질 수밖에 없다. 인생은 우리에게 좋은 것만 주지 않는다. 불행이나 실패 등 나쁜 것들도 함께 준다. 이때 중요한 건 '그게 얼마나 최악인가?'가 아닌 '어떤 태도로 맞이하는가?'에 달려 있다.

나이 들면서 점점 더 선명하게 깨닫는 인생의 진리는 태도가 전부라는 사실이다. 내가 지금까지 보고 듣고 배운 모든 것들이 모여 삶을 대하는 하나의 태도를 완성하기 때문이다. 그래서 그 사람의 태도를 보면 그 사람의 과거를 거의 완벽하게 짐작할 수 있다. 흔들리지 않고 단단하고 현명하게 살고 싶다면, 내가 오랜 성찰 끝에 발견한 다음 8가지 키워드를 자신의 것으로 만들면 된다. 이 책의 목차이기도 하니, 차분하게 읽으며 마음에 담아 보라.

1. 수용 불완전한 나를 있는 그대로 사랑한다.
2. 자기존중 세상의 기준보다 내 마음의 방향에 귀 기울여라.

3. 낙관 믿음이 언어가 될 때 기적이 일어난다.

4. 품격 조용히 단단해지는 사람들에게는 법칙이 있다.

5. 여유 인생을 너무 심각하게 살지 마라.

6. 성찰 내 언어의 한계는 내 세계의 한계다.

7. 자립 인생은 혼자가 되는 법을 배우는 아주 긴 여행이다.

8. 품위 평생 나를 데리고 근사하게 사는 법을 터득하라.

품격 있게 행동하고 말하는 게 중요하다는 사실을 모르는
사람은 없다. 그러나 그걸 행동으로 옮기는 건 생각보다 어려운
일이다. 품격 있는 태도는 지성이 닿을 수 있는 가장 높은 자리
에서 피어나는 산물이다. 품격 있는 태도로 말하고 행동하려면
경계를 넘나드는 사유의 힘과 스스로 깨달은 지식을 유연하게
변주하는 능력이 필요하다. 무엇보다 그것을 언어로 정교하게
빚어낼 수 있는 높은 수준의 어휘력이 요구된다. 그 무엇을 보
아도 부정적인 면만 눈에 들어오고, 입을 열 때마다 품격 없는
말이 흘러나온다면 잠깐 멈추어 보라. 이제는 나 자신과 내 곁
의 소중한 사람들을 위해서라도 그런 삶과 작별하겠다고 마음
을 굳게 다져야 한다. 품격 있는 태도는 단순한 의지만으로 갖

출 수 없다. 오래도록 지성을 단련하고 한층 높은 자리까지 키워 올렸을 때 비로소 그 끝에서 만날 수 있는 선물이다. 어렵지 않다. 끝까지 걸어가면 누구나 마주하게 되는 작은 기적일 테니까. 이 책을 읽으며 정성껏 다듬어 넣은 문장들을 음미하다 보면 여러분은 어느새 한층 더 품격 있는 태도를 지닌 멋진 사람으로 성장해 있을 것이다. 그렇게 하루를 정성껏 쌓아 가다 보면 어느 순간 내면에서 묵묵히 자라난 당신만의 힘이 조용히 모습을 드러낼 것이다.

김종원

1 ∾ 불완전한 나를
있는 그대로 사랑한다
수용

2 ⌇ 세상의 기준보다 내 마음의
방향에 귀 기울여라
자기존중

3 ✎ 믿음이 언어가 될 때
기적이 일어난다
낙관

4 ~ 조용히 단단해지는
사람의 법칙
품격

5   인생을 너무
심각하게 살지 마라

여유

6 ৶ 내 언어의 한계는
내 세계의 한계다
성찰

7 ∾ 인생은 혼자가 되는 법을 배우는 아주 긴 여행이다

자립

8 ∿ 평생 나를 데리고
근사하게 사는 법
품위

1

불완전한 나를
있는 그대로 사랑한다

: 수용 :

불안하고 초조한 마음을 잠재우는
마음의 주문

"좀 더 견디면 성장할 수 있을 거야."

"다 피가 되고 살이 되는 경험일 거야."

힘든 시기에 이런 말을 들으면 마음 한편이 오히려 더 무거워진다. 지금 이 순간, 너무 고되고 무기력하다면 그런 조언은 그냥 스쳐 보내도 괜찮다. 모두의 인생은 다르기 마련이고 나에게는 나만의 사정이 있다. 참고 견디라는 주변의 말도 소중하지만, 그보다 더 중요한 건 나 자신의 목소리에 귀 기울이는 태도다. 이 세상에서 누구보다 나를 잘 아는 사람은 결국 나 자신뿐이다. 지쳤다면 잠시 쉬어 가자. 그건 포기가 아니라 회복을 위한 용기니까. 우리의 인생은 생각보다 길다. 아직 살아갈 날 또한 많다. 현명한 사람일수록 일이 잘 풀리지 않을 때 억지로 버티는 대신 자신에게 휴식을 선물한다. 그 잠깐의 쉼이 다시 앞으로 나아갈 힘을 만들어 준다.

1. 나를 작게 보는 사람들의 평가에 연연해하지 않는다.
2. 이것저것 들여다보면서 혼란스러워하지 말고 내 길을 걷는다.
3. 그의 정답이 꼭 나의 정답은 아니다.
4. 열차는 출발했으니 내리지만 않으면 도착한다.
5. 이 골목만 돌면 모든 게 다 좋아질 것이다.
6. 나쁜 건 곧 지나가고 결국 좋은 것만 남는다.
7. 나는 내가 견뎌 낸 지난 시간을 믿는다.

불안하고 초조할수록 사람은 자신을 더 작게 느낀다. 가능했던 일도 두려워지고 마음이 위축되어 어떤 일을 시작조차 하지 못한다. 삶이 막막하고 도저히 견딜 수 없을 만큼 힘들다면 그땐 과감히 멈춰도 괜찮다. 억지로 끌고 가지 않아도 된다. 잠

1. 불완전한 나를 있는 그대로 사랑한다

시 멈추는 건 실패가 아니라 정비 과정이니까. 걱정을 조금 내려놓고 스스로 단단히 세우는 시간으로 삼자. 세상에 특별한 능력을 타고난 사람은 아주 소수일 뿐이다. 평범한 우리에 필요한 건 능력이 아니라 지속이다. 남보다 늦더라도, 흔들리더라도 결국 끝까지 자기 방식을 지키는 사람이 자신만의 정점을 만난다. 삶의 속도보다 방향이 더 중요하듯 그 믿음 하나가 당신을 살릴 것이다. 그리고 그 믿음은 언제나 당신 안에 있다.

지친 마음이 차분해지는
고요의 말

∽

안경 렌즈를 닦으러 급하게 작은 안경점에 들어갔다. 렌즈
를 세척한 뒤 안경을 다시 받아 썼을 때 나는 바로 알아차렸다.
안경 다리를 움직이는 감각이 묘하게 부드럽고 기분 좋게 달라
져 있었다. 그제야 알았다. 안경점 주인이 헐거워진 나사를 조
심스럽게 조여 놓았다는 것을. 그는 그렇게 했다는 말조차 나
에게 하지 않았다. 부탁하지 않은 일을 해 주고도 아무 말 없이
그저 미소만 지었다. 그 일 이후로 나는 다른 안경점은 갈 생각
을 하지 않는다. 그 안경점만 이용하며 소중한 사람들에게 그
곳을 추천하고 있다. 당장 눈에 보이지 않는 친절을 베푼다는

1. 불완전한 나를 있는 그대로 사랑한다

건 결코 쉬운 일이 아니다. 그건 마음이 고요한 사람만이 할 수 있는 행동이다. 삶의 미세한 틈에서 빛나는 세심함은 늘 고요한 사람의 몫이다.

1. 괜찮아, 이 순간도 나는 잘 이겨 낼 수 있을 거야.
2. 마음속에 쌓인 고민은 다 지워지는 중이야.
3. 누가 뭐라고 비난해도 차분히 내 길을 가는 거야.
4. 잘되는 과정에서 늘 문제가 생기는 법이지.
5. 바람처럼, 호수처럼 고요하게 살아가자.
6. 듣기 싫은 소리는 차단하여 나를 지키자.
7. 좀 늦어도 괜찮아. 깊어지는 과정이니까.

이를 악물고 버티며 사는 삶에는 분명한 한계가 있다. 때로는 고생한 자신에게 호수처럼 잔잔한 말을 들려주며 지친 마음이 스스로 치유할 시간을 주는 게 필요하다. 그럴 줄 아는 사람만이 이 빠른 세상 속에서 자기만의 빛을 잃지 않고 살아갈 수 있다. 숨 쉴 틈조차 없는 피아노 연주에도, 수천 단어가 빽빽이 들어찬 책 속에도 쉼표가 있다. 삶도 마찬가지다.

인생이라는 악보를 연주하다 보면 아무 소리 없이 멈춰 서야 하는 순간이 찾아온다. 앞으로 나아가지 못해 서 있는 것 같지만 사실은 더 멀리, 더 아름답게 가기 위한 숨 고르기 과정이다. 쉼은 멈춤이 아닌 다시 빛을 내기 위한 준비 단계다. 그러니 지금 잠시 멈춰 선 당신, 걱정하지 말라. 당신은 결코 멈춘 게 아니라 곧 다시 울릴 당신만의 교향곡이 준비를 하는 중이다.

1. 불완전한 나를 있는 그대로 사랑한다

아무리 반복해도 무해한,
나를 지키는 말

누구에게나 각자만의 지옥이 있다. 겉으로 아무런 고민이 없어 보이는 사람조차도 그 안을 들여다보면 저마다의 불안을 품고 산다. 성공한 사람들은 마치 모든 걸 이룬 듯 보이지만 그들 역시 자신만의 어두운 방 안에서 끊임없이 스스로를 다그치고 있다.

"이번 결과가 나쁘게 나오면 어쩌지?"

"강연 반응이 별로면 어쩌지?"

"이번 제품이 실패하면 어쩌지?"

누구나 남들이 섣고 알아차리지 못하는 자기만의 고통이

있다. 그렇기에 더더욱 자신을 해치지 않고 나를 나답게 살게 해 주는 무해한 말이 필요하다.

1. 남과 나를 비교하지 않는다.
2. 나는 너와 달라서 특별하다.
3. 내게 없는 것에 연연해하지 않는다.
4. 내 안에는 성장의 재료가 풍부하다.
5. 거친 말은 나의 언어가 아니다.
6. 용서한다고 다 화해해야 하는 건 아니다.
7. 내가 분노하는 지점이 나의 결핍일 수 있다.

우리는 살면서 이 문장들을 결코 가볍게 흘려보내선 안 된다. 이 문장들은 자신을 해치지 않기 위한 최소한의 약속인 동시에 반복할수록 마음의 결을 부드럽게 다듬어 주는 보호막이 된다. 모든 사람을 이해할 필요는 없다. 세상에는 끝내 이해되지 않는 마음이 있기에 그걸 억지로 껴안으려 하면 나만 다치기 마련이다. 가장 먼저 해야 할 일은 나를 온전히 사랑할 수 있는가 묻는 것이다. 불완전한 자신을 사랑하지 못하면 끝없이

1. 불완전한 나를 있는 그대로 사랑한다

자신을 괴롭히게 된다. 그리고 결국 자기 안의 결핍을 타인에게 전가하며 아프게 만든다. 증오나 협박의 언어는 결코 강한 사람의 언어가 아니다. 그건 오히려 내면이 약해 두려움이 많은 사람의 방어다. 마음속에서 자꾸 증오의 언어가 고개를 들이민다면, 기억하자. 그건 나의 상처라는 것을. 그 순간 필요한 건 복수가 아니라 회복이다. 나를 괴롭히는 말 대신 나를 단단하게 지켜 주는 무해한 말을 되뇌자. 그 말들이 나를 파괴로부터 구하고 다시 사랑으로 이끌어 줄 것이다.

어떤 경우에도 불완전한 자신을
사랑해야 한다

세상이 두렵고 모든 것이 불완전하게 느껴질 때일수록 정면을 응시하자. 현명한 사람들은 자신에게 주어진 책임을 회피하지 않는다. 그들은 두려움을 안고서도 자신의 자리를 용감하게 지킨다. 반면 무능한 사람이 많은 조직일수록 문제가 생겼을 때 거의 예외 없이 책임을 지려 하지 않는다. 누구도 잘못을 인정하지 않고 뻔뻔한 얼굴로 외친다.

"이건 내 잘못이 아니야."

그들은 진심으로 그렇게 믿는다. 하지만 아무리 부정해도 현실의 문제는 사라지지 않는다. 문제는 도망칠수록 더 커지

　　　　　　　　1. 불완전한 나를 있는 그대로 사랑한다

고, 책임을 미룰수록 마음은 더 무거워진다. 이럴 때 필요한 건 불완전한 나를 있는 그대로 인정하는 용기다. 완전하지 않은 나를 미워하면 책임을 피하려는 마음이 커지지만, 불완전한 나를 사랑하면 비로소 책임을 지는 힘이 생긴다. 성장의 출발점은 자기비판이 아닌 자기수용에서 나온다.

1. 평생 애를 쓰며 살아갈 수는 없다.
2. 불완전한 나도 사랑해야 살 수 있다.
3. 인간은 완전하지 않아서 더 아름답다.
4. 우울은 자신을 향한 불신에서 시작된다.
5. 이길 수 있다. 하지만 져도 괜찮다.
6. 앞서야 한다는 강박에서 벗어나자.
7. 내가 머문 자리가 내게는 천국이다.

핑계를 찾는 데 익숙해지면 인생은 점점 침체되기 시작한다. 그 이유는 단순하다. 책임을 회피하다 보면 성장할 수 없기 때문이다. 작은 일이라도 스스로 책임지려는 태도는 인간을 단단하게 만든다. 두렵고 힘든 마음은 누구에게나 있다. 그런데도 버텨야 하는 이유는 그 버팀 속에서 나를 새롭게 만들어 주는 힘이 자라기 때문이다. 서른 이후의 인생은 그렇게 다듬어진다. 조급함보다 인내가, 완벽함보다 수용이 더 큰 힘을 발휘한다. 불완전한 자신을 사랑할 수 있어야 그 사랑을 에너지로 삼아 매일 조금씩 더 나은 나로 나아갈 수 있다. 완벽하지 않아도 괜찮다. 진짜 강한 사람은 불완전한 자신을 결코 외면하지 않는다.

1. 불완전한 나를 있는 그대로 사랑한다

느리게 나이 드는
생각 습관

나이를 먹는다는 건 단순히 세월이 흘렀다는 뜻이 아니다. 마음이 조금씩 단단해지고 생각이 깊어지는 일이다. 스트레스를 덜 받고 주름 없이 느리게 나이 들고 싶다면 쓸데없는 일에 마음을 빼앗기는 습관부터 버려야 한다. 누군가 나를 오해하면 그 오해를 풀기 위해 해명하고 싶어진다. 하지만 살다 보면 알게 된다. 나를 한 번 오해한 사람은 결국 또 다른 이유로 나를 또다시 오해하게 된다는 걸. 그 사실을 깨닫게 되면 생각이 조금씩 달라진다.

"당신이 오해해도 나는 괜찮습니다."

나를 믿지 않는 사람에게 내 감정과 시간을 쏟을 필요는 없다. 내 소중한 마음은 그걸 받을 자격이 있는 사람에게만 건네면 된다. 그게 인생의 품격이자 마음의 태도다.

1. 심각해진다고 문제가 해결되는 건 아니다.
2. 주름은 내가 웃었던 순간들의 기록이다.
3. 이상한 사람이 있다면 신경을 끄자.
4. 난 정말 운이 좋은 사람이다.
5. 나이 들면 체력이 곧 실력이자 태도다.
6. 우리 가족은 모두 걱정 없이 잘되고 있다.
7. 일단 해 보고 안 되면 다음에 또 하자.

인생은 내가 어디에 에너지를 쓰느냐에 따라 결과 값이 달라진다. 그러므로 엉뚱한 곳에서 괜한 스트레스를 받지 않는 게 중요하다. 누군가의 판단과 오해 속에 머무르면 결국 자신을 잃게 되지만, 자신의 가능성을 믿고 묵묵히 걸어가면 마음이 어느새 단단해진다. 누군가의 기대가 높아질수록 그 기대에 맞춰야 한다는 부담이 커진다. 그 부담 앞에서는 작은 비판도 더 크게

1. 불완전한 나를 있는 그대로 사랑한다

들린다. 그러니 오늘만큼은 자신에게 호수처럼 잔잔하고 햇살처럼 따뜻한 말을 건네자. 힘들어도 괜찮다고, 부족해도 여전히 잘하고 있다고, 그렇게 다독여 주자. 자신을 수용할 줄 아는 사람은 세월 앞에서도 쉽게 흔들리지 않는다. 그 사람이야말로 가장 느리게, 그러나 가장 아름답게 나이가 들어간다.

서른 이후 점점 운이 좋아지는
사람들의 루틴

성공은 단 한 번의 기회나 행운으로 이루어지지 않는다. 오히려 시간 위에 조금씩 쌓이는 꾸준함의 결과다. 한순간 크게 성공하는 것보다 더 중요한 건 매일 어제보다 단단해진 나를 만들어 가는 것이다. 속도만을 좇거나 적기만 생각하면 마음이 조급해진다. 그러니 조용히, 천천히 오늘 하루에 충실해 보자. 자신이 조금이라도 잘하는 일이 있다면 그건 결코 우연이 아니다. 그 일이 나에게 주어진 길이라면 비록 느려도 포기하지 말고 꾸준히 걸어야 한다. 그런 반복이 나를 단단하게 만들고, 단단해져야 타인의 성공 소식에도 흔들리지 않고 나만의 길을 걸어갈 수 있다. 남이 나를 흔드는 일은 어쩔 수 없지만 적어도 내가 나를 흔드는 일은 없어야 한다. 삶의 중심을 잃지 않기 위해서는 내가 세운 루틴을 지키는 힘이 필요하다. 그 루틴이야말로 운을 불러들이는 가장 현실적이면서도 막강한 방법이다.

1. 진지하지만 심각해지진 않는다.
2. 늘 가능하다는 생각으로 계산을 시작한다.
3. 잠들기 전에는 스마트폰을 하지 않는다.
4. 대신 그날 하루를 돌아보며 잠든다.
5. 매일 자기만의 긍정 주문을 외치며 일어난다.
6. 읽고, 사색하고, 관찰한 모든 걸 기록한다.
7. 사색 멘토를 만들어서 그의 사고방식을 배운다.

무엇이든 꾸준히 지속하려면 남들의 화려한 순간에 너무 마음을 쓰지 말아야 한다. 그저 바람처럼 스쳐 지나가는 이야기일 뿐 그건 나의 인생이 아니다. 비교는 언제나 조급함을 낳고, 조급함은 결국 멈춤을 부른다. 그럴 때마다 마음속으로 되뇌자.

"나는 나만의 속도로 충분히 내 길을 가고 있다."

서른이라는 시기는 참 묘하다. 청춘의 열기와 어른의 무게가 공존한다. 이때부터 인생은 서서히 갈라지기 시작한다. 누군가는 꾸준히 자신을 단련하며 성장의 궤도를 그려 가고, 누군가는 남의 속도를 부러워하다 뒷걸음질친다. 그러므로 서른 이후에는 더 골똘히 자신에게 집중해야 한다. 그게 결국 인생의 방향을 가르는 태도의 차이기 때문이다. 힘들 때마다 이 사실을 기억하자.

'가능성을 믿으며 하루를 사는 사람에게는 실현 가능한 일이 많아진다.'

운이 좋은 사람은 따로 있는 게 아니다. 매일 자신을 믿고, 그 믿음을 지키는 루틴을 가진 사람이 조용히, 그러나 확실하게 운을 불러들인다.

1. 불완전한 나를 있는 그대로 사랑한다

품격은 가장 힘들 때
나의 가치를 알려 준다

한 사람의 품격은 실패하지 않는 삶에서 드러나는 게 아니다. 오히려 실수와 실패를 맞닥뜨렸을 때 어떤 말과 행동으로 위기를 돌파하느냐에 따라 결정된다. 모든 것이 순조로울 때는 누구나 품격 있어 보인다. 그럴 때는 다들 웃고 예의를 지킨다. 그러나 진짜 품격은 모두가 화를 내고 분노할 수밖에 없는 순간 드러난다. 감정의 폭풍이 몰아칠 때 타인을 탓하기보다 스스로 돌아보는 자가 빛난다. 어떤 사람의 품격이 궁금하다면 그가 실수했을 때 어떻게 반응하는지 보면 된다. 어떤 실패 앞에서도 자신을 잃지 않는 사람이야말로 진짜 강한 사람이다.

수용

다만 가장 힘들 때 자신을 격려할 줄 아는 사람의 품격은 하루 아침에 만들어지지 않는다.

1. 스마트폰은 글쓰기와 메모 용도로만 쓰기
2. 싫은 건 확실하게 거절하고 아예 잊기
3. 최악의 상황에서도 최선을 생각하기
4. 어떤 상황에서도 큰소리 내지 않기
5. 평소보다 1시간 일찍 일어나서 하루를 시작하기
6. 하루 30분 이상 땀이 흐를 때까지 운동하기
7. "나는 결국 잘 된다."라고 세 번 외치기

이 모든 습관은 스스로 용기와 희망을 주는 연습이다. 망가지고 있다는 걸 알면서도 더 상처 내지 않기 위한 용기를 내지 못할 때가 있다. 그럴 땐 잠시 멈춰 서서 지금까지 견뎌 온 자신을 돌아보자. 무너지고 싶을 만큼 힘든 날에도 결국 여기까지 걸어왔다. 사는 게 버겁고 앞이 보이지 않을 때는 애써 앞으로 가려 하지 말고 잠시 뒤를 돌아보자. 그동안 얼마나 치열하게 살아왔는지, 그 많은 고난을 이겨 내며 어떻게 여기까지 왔는지

1. 불완전한 나를 있는 그대로 사랑한다

생각하면 그 기억이 오늘의 숨통을 트게 해 줄 것이다. 여기까지 걸어온 당신에게는 얼마든지 쉴 자격이 있다. 쉬는 동안에도 인생은 망가지지 않는다. 살아 있는 한 기회는 언제나 있기 마련이다. 다만 절망에서 허우적거리지 말고 늘 희망과 가능성에 대해 생각하자. 품격이란 넘어지지 않는 힘이 아니라 넘어진 자리에서 다시 일어서는 태도에서 시작하기 마련이니까.

마음먹는 순간 만날 수 있는
소소한 행복들

인생을 살아가면서 꼭 기억해야 할 사실이 있다. 행복은 기다리는 자에게 오는 게 아니라 직접 만들어 가는 자에게 온다는 사실이다. 누군가의 허락을 받아야 하는 것도 아니고, 거창한 목적이 있어야 가능한 것도 아니다. 마음만 먹는다면 우리는 언제든 내 곁에 있는 행복을 만날 수 있다. 행복은 단순하다. 너무 크게 바라보지 말고 소박하게, 그리고 유연하게 생각하라. 그러면 누구든 삶의 크고 작은 기쁨을 손에 쥘 수 있다. 우리가 이미 매일같이 지나치고 있는 일상 속 곳곳에 행복은 보물찾기를 하듯 숨어 있다.

1. 불완전한 나를 있는 그대로 사랑한다

1. 아침에 눈을 떠서 무사히 일어나는 것
2. 다 실천하진 못해도 하루의 계획을 세우는 것
3. 누군가를 마음에 품고 진심으로 사랑하는 것
4. 어떤 일에 희망을 품고 묵묵히 고군분투하는 것
5. 내일은 오늘보다 나아질 거라 믿는 것
6. 길을 걷다 우연히 마주친 꽃 한 송이를 바라보는 것
7. 누군가의 글을 읽고 그 마음을 내 안에 담는 것

이 모든 것은 작지만 선명한 행복의 모양을 가지고 있다. 행복은 거창한 성취가 아니라 우리가 이미 누리고 있는 삶의 장면, 장면에서 나온다. 이 사실을 깨닫는 순간 세상은 조금 더 따뜻해진다. 그저 주변에 흩어져 있는 것들을 천천히 주워 담으면 된다. 눈만 떠도 행복할 수 있는 일이 이렇게나 많다. 그러니 오늘 하루 조금 더 천천히 걷고, 조금 더 고요히 바라보라. 그대의 하루 속에도 이미 수많은 행복이 반짝반짝 빛나고 있다. 그러므로 그대여, 지금부터 행복하고 또 행복하라.

실체가 없는 불안에
떨지 않고 살고 싶다면

삶이 두렵게 느껴지는 이유는 무엇일까? 돌이켜보면 가진 게 거의 없을 때일수록 오히려 삶에 대한 두려움이 덜하다. 지킬 것이 많아질수록 불안도 따라오기 마련이니까. 그런 의미에서 두려움을 느끼며 산다는 건 잘살고 있다는 또 하나의 방증인지도 모른다. 삶이 불안하고 두렵다면 스스로 탓하지 말고 이렇게 말하자.

"나는 지금도 잘 살아가고 있다."

두려움 없이 도전하라고 자신을 몰아붙이지 마라. 대신 이렇게 다정하게 속삭여라.

1. 불완전한 나를 있는 그대로 사랑한다

"이 두려움마저 즐기며 한 번 도전해 보자."

한마디 말만 바꿔도 실체가 없는 불안은 서서히 그 빛을 잃는다.

1. 가장 최악의 결론을 상상하는 버릇을 버려라.
2. 운동 경기, 드라마, 영화의 결말에 나의 하루를 내어주진 말자.
3. 결과는 내가 어떻게 할 수 있는 게 아니다.
4. 대신 과정을 행복하게 즐기며 순간순간 만족하자.
5. 그 순간 웃있다면 그걸로 충분하다.
6. 판결만 내리는 삶에서 벗어나 선수로 뛰자.
7. 모든 실체는 결론이 아닌 일상의 곳곳에 과정으로 존재한다.

성장하고 싶고 발전하고 싶은 사람에게 두려움은 언제나 따라오는 그림자다. 그건 피해야 할 적이 아니라 함께 걸어가야 할 동반자다. 애써 외면한다고 해서 사라지지 않으니 두려움을 친구처럼 대하라. 운동 경기에서도, 인생에서도 결과에만 매달리면 성장 과정을 즐길 수 없다. 진짜 자유는 결과가 아니라 그 과정을 온전히 사랑할 때 주어진다. 지금부터는 두려움을 피하려 하지 말고 그 속에서 배울 수 있는 것들을 찾아보자. 불안은 삶의 적이 아니라 다음 길을 알려 주는 이정표가 될 테니까.

1. 불완전한 나를 있는 그대로 사랑한다

마음이 힘들 땐
기준을 낮춰야 한다

◦◦◦

"이번에는 꼭 해내야지."

결심의 순간은 언제나 빛난다. 그러나 결심만 강렬하면 실패의 순간은 더욱 쓰라리다. 해내지 못한 자신에게 괜히 못된 말로 질책하고 그 말이 또다시 도전의 의지를 꺾는다. 그래서 도전이라는 단어 뒤에는 언제나 착륙을 위한 부드러운 말 한마디가 따라야 한다.

"결과가 만족스럽지 않아도 괜찮아."

이 한마디가 낙하산이 되어 추락하지 않게 우리를 지탱해준다. 도전의 시작보다 중요한 건 끝까지 안전하게 착륙하는

수용

일이다. 그 착륙을 경험한 사람만이 다시 두려움 없이 날아오를 수 있다.

1. 성장이 느린 게 아니라 기대가 큰 것이다.
2. 게으른 게 아니라 목적이 다른 것이다.
3. 불안한 게 아니라 성향이 다른 것이다.
4. 무기력한 게 아니라 요구가 과도한 것이다.
5. 못하는 게 아니라 기준이 높은 것이다.
6. 방황하는 게 아니라 조심성이 많은 것이다.
7. 실수가 잦은 게 아니라 목표점이 높은 것이다.

기준을 높게 세우면 떨어질 때 상처도 크다. 어떤 사람은 그 상처를 견디지 못해 다시는 하늘을 바라보지 않는다. 하지만 기준을 조금만 낮추면 비행은 추락이 아니라 부드러운 착륙으로 끝난다. 그렇게 착륙한 사람은 언제든 다시 이륙할 수 있다.

치열하게 사는 건 좋은 일이다. 그러나 스스로 무너뜨릴 만큼 다그치지는 말자. 세상의 기준에 자꾸만 자신을 맞추려 하면 결국 내가 사라진다. 비교는 언제나 나를 더 힘들게 만들기

1. 불완전한 나를 있는 그대로 사랑한다

마련이니까. 그러니 마음이 힘들 땐 기준을 낮춰도 괜찮다. 그건 포기가 아니라 오래 가기 위한 지혜다. 마음의 건강은 어떤 목표보다 소중하고, 속도보다 중요한 것은 언제나 방향이다.

2

세상의 기준보다 내 마음의
방향에 귀 기울여라

: 자기존중 :

아침에 낭독하면 좋은,
무기력한 하루를 바꾸는 말

◞ ∽

삶의 무게에 짓눌려 스스로 삶을 놓아 버리려 했던 사람이 있었다. 그의 삶은 정말이지 되는 일이 하나도 없었다. 옆에서 지켜보는 나조차도 '저 사람은 도대체 어떻게 버티고 있을까?' 싶을 정도였다. 그런데 기적 같은 일이 일어났다. 어느 날부터 인가 그의 인생이 완전히 달라진 것이다. 마치 다른 사람의 인생을 보는 것처럼 하는 일마다 거짓말처럼 잘 풀리기 시작했다. 손을 대는 것마다 최고의 성과를 냈고, 한때 포기했던 사업도 다시 불이 붙었다. 그는 마침내 잃었던 자신감을 되찾았다. 그때 나는 깨달았다. 인생은 정말 한 치 앞도 알 수 없다는 것을. 하지만 그 모든 변화 속에도 한 가지 변하지 않는 진실이 있었다. 사람은 어떤 순간이든 믿고 의지할 수 있는 한마디 말을 가슴속에 품고 있어야 한다는 걸. 가장 어두웠던 시절, 그를 다시 살아가게 만든 건 무심코 내가 건넨 한마디였다.

"너라면 뭐든 할 수 있을 거야."

1. 자책도 자꾸 반복하면 습관이 된다.

2. '너 때문에'로 해결되는 문제는 없다.

3. 살아 있다는 게 가장 큰 축복이다.

4. 아무리 미워해도 상황은 나아지지 않는다.

5. 좋은 소식만 가득하다고 생각하며 시작하자.

6. 행복은 자신을 찾아내는 사람에게 안긴다.

7. 오늘은 진짜 행복한 날이 될 것이다.

평소에는 아무 의미 없어 보이던 말 한마디가 인생의 끝자락에서는 생명을 붙잡는 밧줄이 된다. 정말 되는 일이 하나도 없을 때 그 한마디가 사람을 다시 살아가게 한다. 그가 그랬다. 죽고 싶던 사람이 다시 살아갈 이유를 찾았다. 그렇게 다시 일

2. 세상의 기준보다 내 마음의 방향에 귀 기울여라

어난 사람은 손만 대면 뭐든 술술 풀리는 인생을 누리게 되었다. 운이 바뀐 게 아니다. 마음의 언어가 바뀐 것이다. 그런 말을 건네줄 누군가가 없다고 한탄하지 말자. 당신이 먼저 그 한마디를 선물할 수 있는 사람이 되면 되니까. 말의 힘은 생각보다 강하다. 좋은 말을 품은 사람은 그 말이 이미 자신을 지키고 있기 때문에 굳이 부정적인 생각을 할 필요가 없다. 내일 아침, 거울 앞에 서서 이렇게 말해 보라.

"오늘 나는 정말 잘될 거야."

그 한 문장이 당신의 하루를 바꿀 것이다. 그리고 미래의 어느 날 당신은 누군가에게 그 말을 건네는 사람이 될 것이다.

마음이 건강해지고 있다는
7가지 신호

사람들은 말한다.

"남이 아니라 자기 자신을 이겨야 한다."

맞는 말이다. 그 말 속에는 자기 통제와 꾸준함의 미덕이 담겨 있다. 하지만 곰곰이 생각해 보면 이런 질문이 떠오른다. 내가 나 자신을 이긴다면, 그때 진 사람은 누구인가? 세상에 승자만 존재하는 승부는 없다. 결국 내가 나를 이기는 동안 내 안의 어떤 부분은 지고, 다치고, 아프다. 삶은 이미 충분히 많은 경쟁으로 가득한데 굳이 그 전쟁터를 마음속까지 옮겨 올 필요가 있을까? 마음이 건강한 사람은 자신과 싸우지 않는다.

그들은 자신을 이기기보다 이해하려 애쓰고, 다그치기보다 다독인다. 다정한 태도로 세상을 살아가며 자신에게 건강한 마음의 기운을 전해 준다.

1. 악플을 봐도 가볍게 웃고 지나간다.
2. 주변 사람들의 장점이 먼저 눈에 들어온다.
3. 세상이 아름다워서 눈시울이 뜨거워진다.
4. 다들 각자의 고통이 있다는 사실을 안다.
5. 적당히 먹고, 적당히 운동한다.
6. 일상 곳곳에 있는 소소한 기쁨을 발견하며 웃는다.
7. 성실한 삶의 가치를 깨닫고 실천한다.

마음이 건강해지는 태도를 유지하며 우리 자신에게 좋은 것만 건네자. 굳이 고생하며 힘든 나날을 견디는 자신을 또다시 이기려고 하지 말자. 사는 게 괴로워지는 이유는 이미 지친 나를 또다시 다그치기 때문이다. 나는 나를 사랑하고 아끼기 위해 태어난 사람이지 싸워서 이기기 위해 태어난 사람이 아니다. 이제는 싸움을 멈추고 나를 포근히 안아 주자. 이미 지금도 충분히 잘 버텨 왔고, 무엇보다 더 싸울 힘이 남아 있지 않으니까.

마음이 건강해지면 세상이 달라진다. 빛의 각도도, 공기의 향기도, 사람의 표정도 다채롭게 보인다. 그건 스스로 새로운 세상을 선물한 것과 같다. 그러니 이제 좀 더 자신에게 친절하자. 내가 나를 대하는 방식이 곧 내가 사는 세상을 만들 테니까.

2. 세상의 기준보다 내 마음의 방향에 귀 기울여라

생각만 하고 뒤늦게 후회하는
인생의 진리

❧

후회를 하지 않고 살 수 있는 사람은 없다. 다만 젊었을 때의 후회와 노년의 후회는 그 무게가 다르다. 젊을 때의 후회는 시간이 지나면 희미해지는 흉터 같은 것이지만, 나이 든 후의 후회는 마음 깊은 곳에 새긴 문신과 같다. 남은 시간이 적을수록 그 후회는 더 짙다. 그러니 지금부터라도 후회의 크기와 빈도를 줄일 수 있다면 그것만으로도 훗날의 나에게 큰 선물이 될 것이 분명하다.

1. 만나기 싫은 사람을 억지로 만날 필요는 없다.

2. 나의 능력을 과소평가하지 말자.

3. 배려는 받을 가치가 있는 사람에게만 전하자.

4. 좋은 사람 되려다 쉬운 사람 되지 말자.

5. 나 자신에게 박수치는 사람으로 살자.

6. 지쳤다는 건 최선을 다했다는 증거다.

7. 잘 보이려고 애쓰지 말고, 제발 기죽지 말자.

후회는 언제나 생각과 실행의 틈 속에서 자라난다.

'이번에는 해야 하는데. 다음번엔 꼭 실행해야지.'

그 다짐이 반복될수록 인생은 점점 무거워진다. 다짐만 하며 지나가는 세월은 결국 후회의 얼룩으로 가득하다. 이제는 마음의 방향을 바꿔야 한다. 생각만 하지 말고 작은 실천으로 옮겨 보자. 완벽하지 않아도 괜찮다. 망설이는 사이에 사라지는 시간이 결국 가장 큰 후회로 돌아오기 마련이니까. 제발 감정을 낭비하며 살지 말자. 나를 지치게 만드는 관계와 상황에 더는 에너지를 쏟지 않아도 좋다. 그 시간에 차라리 나를 위로하고 믿어 주는 말을 한마디라도 더 남기자. 후회는 과거의 감정이지 미래의 방향은 아니다. 지금 이 순간 마음의 방향만 바

꿰어도 삶은 빛을 되찾는다. 이제 후회를 줄이는 삶이 아니라
후회할 틈이 없는 삶을 살자. 삶은 결국 마음이 만든 길을 따라
간다.

늘 내 기분을 중심에 두고
판단해야 한다

"눈물을 흘리면 약한 사람이다."라고 많은 이들은 생각한다. 하지만 나는 확신한다. 울고 싶을 때 울 수 있어야 비로소 내 인생을 제대로 살아가는 사람이라는 걸. 사는 게 뜻대로 되지 않아 어느 날 갑자기 눈물이 터져 나올 때 밥 한 숟갈을 입에 넣으며 서럽게 우는 사람이야말로 세상에서 가장 강한 사람이다. 그는 주저앉은 자리에서도 살아갈 방법을 찾는다. 눈물을 쏟아 내고 음식을 삼키며 하루를 버텨 내는 그 마음은 누구도 흉내 낼 수 없는 진짜 근력이다. 그런 단단한 마음으로 하루를 살기 위해선 언제나 내 기분을 중심에 두는 연습을 해야 한다. 상황보다 감정이, 논리보다 마음이 우선되어야 한다. 그 태도가 곧 자신을 살린다. 아무리 상황이 좋지 않아도 언제나 내 기분을 중심에 두고 충분히 회복해야 한다. 그래야 무너질 듯한 순간에도 다시 일어설 힘이 생긴다.

1. 걱정한다고 모든 문제가 해결되진 않아.
2. 걱정할 시간이 있다면 오히려 그 시간에 맛있는 걸 먹고 푹 자는 게 좋아.
3. 푹 자고 일어나면 좋은 기분으로 멋지게 하루를 시작할 수 있어.
4. 좋은 기분은 풀리지 않는 문제를 해결할 수 있는 영감을 주지.
5. 힘들 때 쓴 글은 읽는 사람의 마음까지 힘들게 만들어. 그만큼 부정적인 에너지가 전해진단 말이지.
6. 그래서 늘 좋은 기분을 유지하는 게 자신의 행복을 위해 가장 중요해.
7. 앞으로 어떤 상황에서, 어떤 일이 있어도 늘 내 기분을 중심에 두고 판단해야 해.

괴테는 말했다.

"눈물을 흘리며 빵을 먹어 보지 않은 자는 인생의 참맛을 모른다."

그 말이 전하는 뜻을 이제는 안다. 눈물을 삼키며 빵을 씹는 사람은 세상 누구보다 강인하고 아름답다. 삶이 고단해도 괜찮다. 무너져도 괜찮다. 그 순간에 포기하지 않고 조용히 자신을 위로할 수 있다면 당신은 이미 강한 사람이다. 지금 당신이 아주 힘든 상태라면 조금만 더 버텨라. 정말 아주 조금만. 눈물이 그치면 반드시 새 아침이 온다. 그 아침은 분명 당신을 향해 빛날 것이다.

2. 세상의 기준보다 내 마음의 방향에 귀 기울여라

남에게는 친절하면서
가족에게는 신경질적인 사람

❦

"왜 가족에게만 유독 까칠한 거야?"

밖에서는 늘 친절하고 부드럽게 대하면서 정작 가장 소중한 가족에게는 거칠고 냉정해지는 사람들이 있다. 이유는 단순하다. 가족에게 유독 감정을 표현하는 게 서툴기 때문이다. 언어가 서툴 때는 내가 얼마나 소중한 사람들에게 말로 상처를 주며 하루를 흘려보내는지 깨닫지 못한다. 그러나 언어를 잘 다룰 수 있게 되면 과거의 자신이 선명히 보이기 시작한다. 참 어설펐고, 서툴렀고, 미숙했다는 걸 뒤늦게 깨닫게 된다. 이 깨달음은 부끄럽지만 동시에 성장의 증거다. 언어 수준이 곧 삶의 수준을 결정한다는 말은 그래서 틀리지 않다. 그가 어떤 말을 자주 쓰는지 보면 무엇을 생각하고, 어떤 삶을 추구하는지 보인다. 대화는 그 사람의 내면을 비추는 거울이니까. 그러니 이 글을 읽으며 자신을 따뜻하게 위로하라. 그리고 오늘부터 이렇게 다짐해 보라.

"나는 내 언어의 수준을 한 단계 올려서 내가 사랑하는 사람들에게 더 다정한 말을 건네겠다."

1. 가족에게 하루, 한마디 따스한 말을 전하자.
2. 거친 말은 자신을 더 힘들게 할 뿐이다.
3. 말이 거친 사람은 마음속에 화가 많다.
4. 소중한 가족에게 가장 다정한 말을 들려주기 위해 노력하자.
5. 나를 참아 주는 가족의 힘든 마음에 귀를 기울이자.
6. 삶의 중심은 집 밖이 아니라 집 안에 있어야 한다.
7. 가족에게는 반드시 세 번 이상 생각하고 말하자.

부부가 나누는 대화의 온기는 그대로 아이에게로 전달된다. 그 말의 온도가 아이 마음의 기후를 만든다. 부부의 대화는

2. 세상의 기준보다 내 마음의 방향에 귀 기울여라

그래서 중요하다. 서로에게 다정한 말을 자주 들려주는 가정은 언제나 고요한 기쁨으로 가득하다. 그곳에는 작은 웃음이 끊이지 않으며, 아이들은 그 웃음의 공기를 마시면서 무럭무럭 자란다. 아이를 키우는 부모라면 서로의 언어 수준을 높이려는 노력을 멈추지 말아야 한다. 언어 수준이 높아지면 자연스럽게 가정 안에서 어떤 말을 해야 하는지 몸이 먼저 알게 된다. 반대로 낮은 언어 수준에 머무는 사람은 보아도 보지 못하고, 들어도 듣지 못한다. 당연히 가르쳐 줘도 깨닫지 못한다. 깨달음은 언제나 깨닫는 자의 몫이다. 말의 품격이 곧 삶의 품격이고, 가족에게 건네는 말이 곧 그 사람의 인생이 됨을 꼭 기억하자.

스스로 한심하다고 느낄 때
읽으면 차분해지는 글

∾

나는 지금까지 130권이 넘는 책을 썼다. 하지만 거의 100권에 이를 때까지 단 한 권도 '사랑받는 책'이 없었다. 이름 없는 작가로 불렸고, 책은 세상에 나오자마자 조용히 사라지곤 했다. 사람들이 놀란 건 내가 베스트셀러를 낸 작가라서가 아니다. 기적이 없는데도 멈추지 않았다는 사실 때문이다. 나에게 기적은 좀처럼 오지 않았다. 특별한 순간조차 나를 외면했다. 하지만 나는 곧 알게 되었다. 세상이 내게 기적을 주지 않아도 나는 스스로 정진이라는 선물을 줄 수 있다는 걸. 기적은 만들어지는 게 아니라 꾸준히 견디는 마음에서 피어난다는 걸.

       2. 세상의 기준보다 내 마음의 방향에 귀 기울여라

1. '완벽'할 필요는 없어. 때로는 '완료'만으로도 충분해.

2. 원래 어른 노릇 하는 게 어려운 거야.

3. 내일은 오늘보다 조금만 더 열심히 살아 보자.

4. 괜찮아, 쉬는 것도 다 나를 위한 일이니까.

5. 사는 것 자체가 이미 대단한 일인걸.

6. 빈틈이 있어야 인간다운 거야.

7. 너무 심각해지지 말자, 결국 나만 손해니까.

지금 하는 일이 아직 빛을 보지 못했더라도 괜찮다. 지금 이 순간 포기하지 않고 계속하고 있다면 그 자체가 이미 '내가 만든 기적'이다. 세상 그 누구보다 나 자신에게 가장 따뜻한 말을 건네자. 지금 이 시간은 실패가 아니라 인내하며 자라나는 시간이다.

"괜찮아. 천천히 가면 돼. 그것만으로도 나는 충분히 잘하고 있어."

일이 잘 풀리지 않을 땐
이렇게 해 보라

살다 보면 누구에게나 일이 꼬이는 시기가 찾아온다. 의욕이 넘치던 마음이 한순간에 무너지고 잘하던 일도 이유 없이 막혀 버린다. 그럴 때 마음은 매우 조급해진다. 빨리 벗어나고 싶어서 더 애쓰다 그 안에서 길을 잃기도 한다. 하지만 기억하자. 일이 잘 풀리지 않을 때는 벗어나려 하기보다 머물러야 할 때라는 것을. 무언가를 바꾸려 애쓰기보다 그저 조용히 내 안을 들여다볼 때라는 것을. 그 시간은 분명 괴롭지만 결국 나를 다시 세워 주는 시간이 된다.

1. 필요 이상의 조언은 가급적 듣지 않는 게 마음 건강에 좋다.

2. 최대한 내게 좋은 말만 수집하듯 모아라.

3. 일이 잘 풀리지 않을 때 필요한 건 긍정의 언어다.

4. 정체기가 끝날 때까지 혼자만의 시간을 보내라.

5. 내 문제는 결국 내가 풀어야 한다.

6. 자신에게 깊어질 시간을 허락하라.

7. 내면의 바닥에서 가장 지혜로운 답을 찾게 된다.

내게 가장 애정을 가진 사람은 결국 나 자신이다. 세상 모든 위로와 조언보다 스스로 건네는 한마디가 더 큰 힘이 된다. 그러니 괜히 타인의 말에 흔들리지 말자. 지금은 세상을 향해 나아갈 때가 아니라 나에게 에너지를 집중할 시간이다. 바닥이라 느껴지는 곳이 바로 다시 시작할 수 있는 자리다. 그곳에서 숨을 고르고 마음을 다독여라. 아무 일도 일어나지 않는 것 같은 시간 속에서 당신의 다음 계절은 이미 움트고 있다.

점점 행복을 찾아가는
인생을 사는 법

∾

하루는 사다리차가 필요할 정도로 무거운 가구를 주문한 적이 있다. 마침 물건이 도착했고, 배송 직원이 사다리차를 통해 창문으로 올리려 하고 있었다. 그때 급하게 사다리차 기사가 달려와 혼자서 짐을 옮기는 직원을 찾았다.

"잠깐, 기다려요. 혼자 들면 다치니까."

"괜찮아요, 혼자서도 할 수 있어요."

"에이, 같이 하면 쉽게 돼요."

그들의 짧은 대화 속에는 서로를 위하는 마음이 고스란히 묻어 있었다. 그 모습을 바라보며 이상하게도 내 마음이 편안

2. 세상의 기준보다 내 마음의 방향에 귀 기울여라

해지는 걸 느꼈다. 순간 깨달았다. 행복이란 누군가의 다정한
말 한마디에서 시작된다는 것을. 다정함도 습관이고 체력이다.

1. 스마트폰을 애착 인형처럼 곁에 두지 않는다.
2. 순간적인 기분으로 하루를 망치지 않는다.
3. 모든 건 실패가 아닌 경험이라고 생각한다.
4. 들어주기 힘든 부탁은 부드럽게 거절한다.
5. 바꿀 수 없는 일은 조언하지 않는다.
6. 칭찬과 격려할 일을 가장 먼저 찾는다.
7. 보답이나 보상은 애초에 기대하지 않는다.

사다리차 기사는 굳이 내가 사는 층까지 올라올 필요가 없
었다. 그저 운전석에서 지켜만 봐도 되는 일이었다. 그런데 그
는 '같이 하면 조금 더 쉽게 할 수 있다.'라는 아무도 시키지 않
은 이유를 스스로 만들었다. 그들의 대화를 들으며 나는 듣고
있던 음악을 껐다. 세상 그 어떤 노래보다 사람의 마음에서 흘
러나오는 멜로디가 더 아름다웠으니까. 한 사람이 다른 한 사
람의 고생을 알아주고, 그 마음에 잠시 손을 얹어 주는 것. 그

것이 우리가 살면서 찾아야 할 진짜 행복인 건 아닐까? 세상에서 가장 아름다운 소리는 악기가 만드는 음이 아니라 사람의 마음에서 흘러나오는 울림이다. 그 울림이 닿는 순간 우리의 하루는 행복으로 환해진다.

나이 들수록 매력이 넘치는 사람

∽

나이가 들수록 자기만의 매력이 짙어지는 사람들이 있다. 그들에게는 공통된 습관이 있다. 시간이 나서 하는 일을 점점 줄이고, 시간을 내서 하는 일을 점점 늘린다. 시간이 나서 만나는 사람을 줄이고, 시간을 내서 만나는 사람을 늘린다. 그들은 시간을 허투루 쓰지 않는다. 자신이 진짜 아끼는 사람과 하고 싶은 일을 하며 하루를 채운다. 그 시간은 결코 화려하지 않지만 잔잔히 마음속에 농익은 향기를 남긴다. 나이가 든다는 건 결국 시간을 재분배하는 일이다. 무엇을 버리고 무엇을 남길지, 누구와 함께할지, 무엇에 마음을 줄지 결정하는 과정이다.

그렇게 하루하루를 다시 써 내려가다 보면 어느새 얼굴에는 세월의 주름보다 더 선명한 삶의 온기가 새겨진 미소가 번져 나간다.

1. 상대의 반응을 두려워하지 않고 자기 감정을 표현한다.
2. 웃음이 자연스러워서 자연 풍경처럼 느껴진다.
3. 새로운 것을 경험할 때 설레는 표정이 마치 아이 같다.
4. 때로는 뻔뻔할 만큼 솔직해서 오히려 매력이 있다.
5. 주름이 늘어도 그것마저 귀엽게 보인다.
6. 이상하게 도무지 미워할 수가 없다.
7. 말로 다 설명할 수 없는 그 사람만의 향기가 있다.

세상에는 그저 곁에 있기만 해도 마음이 풀리고 괜히 웃게 되는 사람이 있다. 그 사람의 온도는 따뜻함을 넘어 주변의 공기까지 부드럽게 만든다. 그래서일까? 그 곁에서는 시간마저 느리게 흐른다. 그런 사람이 되고 싶다면 이 사실 하나만 기억하자. 얼마나 오래 살았느냐보다 얼마나 '나답게' 사느냐가 중요하다는 것을. 남의 인생을 흉내 내느라 정작 나만의 시간을 잃지 말아야 한다는 것을. 내가 던질 수 있는 질문, 내가 쓸 수 있는 문장, 내가 채울 수 있는 하루로 세상을 차곡차곡 쌓아 나가자. 그렇게 살아가다 보면 나이 들수록 점점 귀엽고 사랑스러운 사람이 된다. 단단하지만 부드럽고, 성숙하지만 순수한 사람이 된다. 그런 사람이 늘어날 때 세상은 비로소 다채로운 곳이 된다.

배려와 친절은
의무가 아닌 선택이다

꾸준히 운동을 하는 데 시간을 쓰지 않으면 언젠가는 그 시간을 병을 치료하는 데 써야 한다. 하지만 그렇다고 지나치게 운동에 몰두하면 또 다른 이유로 병원에 가는 날이 찾아온다. 세상 모든 일에는 균형이 있다. 운동도, 일도, 관계도 결국 나를 위한 적절한 선택이어야 한다. 무엇이든 의무로 하면 마음이 닫히고, 선택해서 하면 마음이 열린다. 운동을 하는 시간도 내 인생이고, 운동을 쉬며 다른 일을 하는 시간도 내 인생이다. '반드시 해야 한다.'라는 강박 속에서는 내면의 성장이 이루어지지 않는다. 배려와 친절도 마찬가지다. 내가 무너질 정도로 남을 위하면 결국 나 자신을 잃게 된다.

1. 배려와 친절에 지나치게 애쓰지 마라.

2. 언제나 기준은 스스로 정하라.

3. 나를 희생한 배려와 친절은 나를 망친다.

4. 조언과 지적에 하나하나 연연해하지 마라.

5. 배려와 친절은 원래 가장 실천하기 어려운 덕목이다.

6. 남을 위해서 자신의 감정을 속이지 마라.

7. 배려만 하고 살면 어느 순간 나라는 사람은 희미해진다.

모든 것은 자연스러울 때 가장 아름답다. 저절로 흘러나온 배려와 친절이 사람의 마음의 가장 깊은 곳을 건드린다. 의무감으로 한 친절은 쌓이고 쌓이다 결국 자신을 갉아먹는다. 하지만 선택으로 한 친절은 나를 살리고 세상을 따뜻하게 만든다. 기억하자. 배려와 친절은 타인을 위한 일이 아니라 결국 나를 위한 일이라는 것을. 누군가를 위로하면서 동시에 나를 다독이는 과정이라는 것을.

3

믿음이 언어가 될 때
기적이 일어난다

: 낙관 :

고단한 하루를
포근하게 안아 주는 말

사는 일은 언제나 예상보다 복잡다단하다. ㄱ 복잡함 속에서 가장 먼저 무너지는 건 마음이다. 마음이 조급해지면 하루의 균형이 쉽게 흐트러진다. 그럴 땐 사람을 찾아 헤매기보다 조용히 나 자신에게 집중하는 게 좋다. 혼자 있을 땐 외롭다고 느끼기보다 차분히 생각을 정리하는 시간으로 받아들여야 한다. 세상이 나를 몰라주는 것처럼 느껴질 때 혼자 있는 시간은 내 안의 고요한 목소리를 듣게 해 준다. 되는 일이 하나 없는 날에도 조용히 앉아 있으면 생각의 먼지가 가라앉고 그 밑에서 새로운 길이 고개를 들이민다.

낙관

1. 원래 희망은 절망과 함께 오는 거야.

2. 자고 일어나면 다시 시작할 수 있어.

3. 슬픔을 잘 다듬으면 기쁨이 될 거야.

4. 인생은 결국 해석하기 나름이야.

5. 잘했어, 괜찮았어, 오늘도 충분히 멋졌어.

6. 나는 나를 더 좋은 곳으로 데려가고 있어.

7. 자, 이제 지금부터 기분 좋아져라.

고단한 하루를 보냈다면 그저 스스로 어깨를 토닥이며 '그래도 여기까지 왔구나!'라고 다독여 주자. 고독은 나를 괴롭히는 시간이 아니라 나를 회복시키는 시간이다. 몸과 마음이 동시에 지치면 그때부터는 사소한 일에도 흔들린다. 그래서 우리는 매일 자기 자신에게 가장 포근한 말을 건네야 한다.

"괜찮아. 오늘도 참 잘 버텼어."

그 한마디면 세상에 지지 않으려 애쓰던 마음이 천천히 제자리를 찾는다.

듣기만 해도 기분 좋게 해 주는 어여쁜 말

세상에는 인문학을 정의하는 다양한 방식이 있다. 그 정의를 책 속에서 찾을 수도 있고, 철학자의 강의에서 들을 수도 있다. 하지만 나는 이렇게 생각한다. 인문학이란 소중한 사람에게 깊이 있게, 어여쁘게 하는 말 안에 깃들어 있다고. 어여쁜 말은 단순히 고운 단어의 나열만을 의미하는 건 아니다. 그 말이 상대의 마음에 닿으며 따뜻하게 머물 때 비로소 '어여쁜 말'이라 부를 수 있다. 물론 처음부터 쉽지는 않다. 습관처럼 무심히 내뱉던 말들을 다듬는 데는 노력과 인내가 필요하기 마련이니까. 그래서 나는 예쁜 말을 낭독하고 필사하며 내 언어로 익히기 위해 노력한다. 반복하면 익숙해지고, 익숙해지면 결국 내 삶의 일부가 된다.

1. 네가 웃는 걸 보면 나도 행복해.
2. 당신이 옆에 있어서 난 걱정이 없어.
3. 네가 꿈에 대해 말할 때 얼마나 멋진지 알아?
4. 너와 함께 있으면 시간이 금방 흐르는 것 같아.
5. 네가 무언갈 시작하면 그게 뭐든 기대하게 돼.
6. 당신은 내게 참 좋은 사람이야.
7. 너의 섬세한 마음은 날 행복하게 해 줘.

말은 공기 중에 흩어지는 것 같지만 실은 사람의 마음속에 오래 머문다. 내가 전한 따뜻한 한마디가 누군가의 하루를 버티게 만들고, 내일의 용기를 심어 준다. 예쁜 말을 한다는 건 결국 세상을 예쁘게 바라보겠다는 뜻이다. 그 마음이 쌓여 언젠가 나도 '듣기만 해도 기분이 좋아지는 사람'으로 기억될 것이다.

늘 행운만 가득한 인생을
살게 해 주는 말 처방

"왜 저 사람에게는 늘 좋은 일이 생기지?"

그는 무언가를 시작할 때마다 왠지 잘될 것 같은 기운을 주변에 퍼뜨린다. 그의 곁에 있으면 나까지 덩달아 행운의 빛을 받는 듯한 설레는 기분마저 든다. 그에게는 한 가지 특징이 있다. 언제나 긍정적인 말로 스스로 격려한다는 것. 그는 현실을 피하지 않고 그 안에서 빛나는 구석을 찾아내 말버릇처럼 자기에게 들려준다. 그 말이 쌓여 그의 하루를, 인생을 바꿔 놓는다.

1. 일찍 일어나면 좋은 일이 더 많이 생기지.

2. 내가 결심하면 뭐든 가능해질 거야.

3. 내게 불경기는 없어, 다르게 시작해 보자.

4. 행운이 오지 않는다면 내가 찾아가면 돼.

5. 웃으며 잠들면 내일 좋은 소식으로 가득할 거야.

6. 오늘 하루의 제목은 '행운'이라고 정하자.

7. 나는 나라서 다르고 그래서 특별해.

사람마다 좋은 일과 나쁜 일이 찾아오는 빈도는 그리 다르지 않다. 행운이란 결국 해석의 문제다. 어떤 사람은 불운 속에서도 행복을 찾고, 어떤 사람은 축복 속에서도 불만을 찾는다. 그 차이가 인생의 결을 가른다. 행운은 제 발로 찾아오는 선물이 아닌 스스로 만들어 내는 믿음의 결과물이다. 오늘 하루, 그 믿음을 입에 담아 보자.

"나는 행운이 가득한 사람이야."

뭘 해도 잘 안 되는
인생을 구해 줄 질문

살다 보면 모든 게 잘 풀리지 않는 시기가 있다. 계획은 세웠지만 일이 자꾸 어긋나고, 노력했지만 결과는 쉬이 따라오지 않는다. 그럴 때 가장 위험한 생각은 이것이다.

"이번에도 망하면 어쩌지?"

답답한 현실은 시간이 지나면 조금씩 나아지게 마련이다. 하지만 '또 실패할지도 모른다.'라는 두려움은 그 어떤 위로로도 쉽게 사라지지 않는다. 그건 오직 자신만이 지워 낼 수 있는 얼룩이기 때문이다. 세상에 영원한 불행은 없다. 불행처럼 보이는 시간 속에서도 자신을 점검하고 돌아볼 용기가 필요하다.

만약 당신이 어두운 시간을 지나고 있는 중이라면 스스로 다음 질문을 조용히 던져 보자.

1. 나는 내가 만든 결과물에 기꺼이 돈을 지불할 수 있나?
2. 혹시 이것은 할 게 없어서 하는 일은 아닌가?
3. 사람들의 사탕발림에 속고 있는 건 아닌가?
4. 내 방식은 나의 것이라 말할 수 있나?
5. 내가 한 노력은 진짜 노력인가?
6. 내일이 기대되나, 아니면 절망스럽나?
7. 언제까지 쉬운 길만 선택할 것인가?

내 마음의 위치를 확인하기 위한 좌표일 뿐 꾸짖기 위한 질문은 아니다. 생각이 많아질수록 사람은 현실을 더 어둡게 바라보게 된다. 그럴 땐 억지로 긍정하려 하지 말고 잠시 멈춰서 나를 있는 그대로 바라보자. 인간은 강하지 않다. 조금의 바람에도 흔들리는 연약한 존재다. 중심을 잡는 일은 '버티는 힘'이 아니라 '되돌아보는 힘'에서 온다. 불행의 원인을 찾기보다 행복의 원인을 탐색하는 것이야말로 잘되는 인생으로 향하는 유일한 길이다. 인생이 잘 풀리지 않을수록 당신은 이 7가지 질문을 자주 던져야 한다. 그 질문들은 어느 날 당신을 구하는 답이 되어 돌아올 것이다.

결국 당신이 뭐든
해낼 수 있게 돕는 말

～

"지는 사람이 결국 이긴다."

이 단순한 말에는 인생의 진리가 숨어 있다. 싸움의 중심에는 언제나 자존심이 숨어 있다. 그러니 싸움에서 이기는 사람이 아니라 먼저 물러날 수 있는 사람이 진짜 자존감이 강한 사람이다. 승자가 아니라면 결코 가질 수 없는 품격이니까. 자존감이 탄탄한 사람은 누가 뭐라 해도 자기 자신을 믿기에 굳이 이기려 들지 않는다. 양보하고 물러서도 결코 작아지지 않기 때문이다. 지는 게 곧 이기는 일임을 모르는 사람은 없다. 그러나 실제로 실천할 수 있는 사람은 드물다. 그만큼 자존감이 깊게 뿌리내린 사람은 생각보다 많지 않다.

1. 기다리면 다 때를 만나게 된다.

2. 할 수 있다고 생각하면 해낼 수 있다.

3. 좋아, 매일 하나만 더 해 보자.

4. 시작이 곧 내가 만날 기적이다.

5. 어제의 나는 못했지만 오늘의 나는 가능하다.

6. 나는 나를 다 쓰며 살아야 한다.

7. 작은 일에 화내지 말자, 나도 함께 작아지니까.

스스로 이런 말을 자주 들려주면 하루가 달라지고 마음이 단단해진다. 자존감은 어느 날 갑자기 생기지 않는다. 스스로 다독이는 말을 쌓아 가다 보면 조금씩 강해지는 근육 같은 것이다. 세상에 그 누구도 완벽한 인생을 사는 사람은 없다. 모든 인생은 얼룩진 하루들의 무한 반복으로 이루어진다. 그러니 고작 하루를 망쳤다고 너무 상심하지 말자. 그건 단지 흰 도화지 위에 오늘의 흔적을 조금 남겼을 뿐 그 이상도, 이하도 아니다. 인생은 오히려 그런 다재로운 얼룩들로 완성된다. 빛과 그림자

가 함께 있을 때 비로소 깊어지는 그림처럼. 기억하자. 세상에
결정적인 실패란 없다. 단지 잠시 멈춘 순간이 있을 뿐이다. 하
루가 거대한 얼룩이라면 그 위에 천천히 색을 덧입혀라. 그 작
은 덧칠들이 쌓여 결국 당신의 인생을 오색찬란하게 물들인다.

자신의 한계를 넘어서는
사람들의 말버릇

~∕∘

살다 보면 누구나 자신의 한계를 마주하기 마련이다. 하지만 그건 결코 나쁜 신호가 아니다. 오히려 지금 당신이 한 걸음 더 성장하고 있다는 증거다. 스스로 한계를 느끼지 못한다면 그건 이미 멈춰 있다는 뜻이니까. 한계를 지혜롭게 넘어서는 사람들은 타인에게 시선을 두지 않고 자기 자신에게 집중한다. 그들은 스스로에게 다짐의 말을 건네고, 그 말을 매일매일 반복한다.

1. 듣기 불편한 말도 필요할 때는 해야 한다.

낙관

2. 내 입에서 나온 비난은 내 귀에 그대로 돌아온다.

3. 그 누구의 기준도 나를 흔들 수 없다.

4. 친구가 줄어든다는 건 내면이 강해진다는 증거다.

5. 남의 허물보다는 장점에 관심이 많다.

6. 머리가 나쁘면 몸을 단련하면 된다.

7. 영원한 성공은 없으니 겸손이라는 보험을 들어야 한다.

책을 읽다 보면 쉽게 이해되지 않는 문장이 있다. 그럴 때는 서둘러 정답을 찾기보다 스스로 질문해 보는 게 더 좋다.

'이건 어떤 의미일까?'

'지금의 나는 왜 이 문장이 이해가 안 될까?'

이해되지 않는다는 건 아직 그 문장을 품을 준비가 덜 되었다는 뜻이다. 지식은 누구에게나 열려 있지만 깨달음은 오직 각자의 몫이다. 그래서 묻고 또 묻는 습관이 중요하다. 질문은 우리를 성장으로 이끌고, 질문하는 순간부터 그 성장은 멈추지 않는다. 오늘 하루도 자신에게 이 말들을 들려주자.

"나는 지금 내 한계를 넘어가는 중이다."

　　　　3. 믿음이 언어가 될 때 기적이 일어난다

인생에 필요한 모든 기적을
끌어당기는 말

누구나 크고 작은 삶의 기적을 바라며 산다. 하지만 많은 사람이 중간에서 포기한 채 조용히 무기력 속으로 사라져 간다. 이유는 단 하나다. 소중한 것은 언제나 시간이 필요하다는 사실을 잊기 때문이다. 기적 역시 그렇다. 기적이 당신에게 다가오려면 충분한 시간이 필요하다. 조급함은 그 시간을 망치지만 기다림은 그 시간을 단단하게 만든다. 현실이 아무리 답답하더라도 기적이 당신에게 한 걸음씩 다가오고 있다는 사실을 의심하면 안 된다. 그 확신을 품고 오늘 하루를 조금만 더 견뎌보라.

1. 난 복이 술술 들어오는 사람이야.

2. 무슨 걱정이야. 결국 다 잘될 텐데.

3. 난 내가 보낸 모든 순간을 믿어.

4. 내일은 더 근사한 일이 생길 거야.

5. 이렇게 많은 사람들이 날 돕고 있어.

6. 상상할 수 있다면 가질 수도 있지.

7. 난 뭘 시작하든 운이 따르는 사람이지.

기적은 눈에 보이지 않는다. 우리 눈에 보이는 것은 그저 평범한 하루뿐이다. 하지만 믿는 자의 눈에는 그 평범한 하루 안에서도 수많은 기적이 일어난다. 그러니 스스로 이런 말을 자주 들려주자. "나에게 기적은 이미 오고 있는 중이다."

이 한마디가 내면의 불안을 잠재우고 지금 이 순간에도 나를 이끌어 줄 것이다. 기적은 하늘에서 떨어지는 선물이 아니라 믿음의 땀방울이 모여 스스로 만들어 낸 결과물이다. 오늘 하루도 자신에게 다정하게 속삭여라.

"난 기적을 끌어당기는 사람이다."

3. 믿음이 언어가 될 때 기적이 일어난다

좋은 소식만 가득한 사람들의
언어 사용법

∾

매일 글을 써서 자신의 SNS에 올리는 사람이라면 반드시 이런 댓글을 만나게 된다.

"그거 누가 모르냐?"

"그런 글을 쓸 자격이 네게 있어?"

처음에는 그 한마디에 마음이 크게 흔들린다. 하지만 자신의 삶에 좋은 소식만 초대하는 사람들은 그런 댓글에 오래 머물지 않는다. 왜냐면 그 말은 그 사람의 의식 수준을 가장 정확히 보여 주는 증거라는 걸 잘 알고 있기 때문이다.

1. 부정적인 댓글에 반응하지 않는다.

2. '싫어요'라는 이모티콘도 누르지 않는다.

3. 순간적으로 반응해서 통쾌할 수는 있다.

4. 하지만 모든 건 결국 제자리로 돌아온다.

5. 내가 누른 비난은 더 큰 비난으로 돌아온다.

6. 늘 좋은 말과 글만 주변에 계속해서 전한다.

7. 좋은 것만 전하면, 좋은 것만 돌려받게 된다.

부정적인 공간은 달콤한 독처럼 치명적이다. 감정이 흔들릴수록 그곳에서 빨리 벗어나야 한다. 말과 글에는 언제나 방향이 있게 마련이다. 내가 던진 말은 결국 나에게 되돌아오고 내가 누른 '좋아요' 하나가 내 마음의 총천연 색을 만든다. 비난의 언어를 선택하면 마음이 점점 메말라 가고, 칭찬과 응원의 언어를 선택하면 인생이 따뜻해진다. 좋은 글을 쓰는 사람은 결국 좋은 인생을 산다. 자신의 언어로 매일 현실을 빚는 중이니까. 그러니 기억하자. 말은 마음의 날씨를 바꾸는 강력한 무기다. 오늘 당신이 사용하는 한마디가 당신의 내일을 만든다. 오늘 하루 행복을 주는 단어들로 세상을 물들여 보자.

3. 믿음이 언어가 될 때 기적이 일어난다

의외로 실제로 이루어지는
말의 힘

~~

"네가 하는 말은 이상하게 정말 다 이루어질 것 같아."

그가 하는 말은 단순한 희망이 아니라 곧 현실이 되고 만다. 그가 시작한 일은 언제나 주변의 기대보다 더 멋진 결과를 만들어 낸다. 그런 사람들을 유심히 보면 하나의 공통점을 발견할 수 있다. 그들은 자신에게 좋은 말을 들려주는 습관을 갖고 있다. 매일 아침, 하루의 문을 열기 전에 자신의 내면에 이런 말을 조용히 속삭인다.

1. 나는 점점 잘되고 있다,

2. 여기서부터 행복 시작이다.

3. 좋은 것만 보면 좋은 일이 생긴다.

4. 행운은 나의 편이다.

5. 기다리면 좋은 소식이 찾아온다.

6. 내가 시작한 일은 결국 잘된다.

7. 내일의 나는 오늘의 나보다 더 크게 성장할 것이다.

이 말은 단순한 주문이 아니다. 이 말에는 강력한 '믿음'이 들어 있다. 믿음은 곧 진동이 되고, 그 진동은 파동이 되어 당신의 하루를 움직이는 에너지가 된다. 스스로 희망의 말을 들려주지 못한다는 건 자신에게 불행을 속삭이는 것과 같다. 말은 생각보다 훨씬 강한 힘을 지니기에 그 힘은 언젠가 현실이 되어 당신 앞에 온다. 그러니 매일 아침 이 말을 곱씹으며 시작해 보자.

"오늘 하루는 분명 잘될 거야."

그 한마디가 당신의 표정을 바꾸고, 그 표정이 하루를 바꾸며, 끝내 인생 전체를 바꿔 놓을 것이다.

막혔던 운도 풀리게 만드는
말 습관

내가 하는 말은 내가 미리 부르는 나의 미래 노래다. 말이 가는 방향에 맞춰 운도 따라간다. 듣기만 해도 짜증이 나는 말은 지긋지긋한 미래를 만들고, 음악처럼 아름다운 말은 더 살아 보고 싶은 미래를 만든다. 지금 스스로 운이 없다고 느껴진다면 지금 당장 말의 결을 바꾸어 보자. 내 인생의 막힌 길은 대부분 내가 흘린 말의 찌꺼기로 막혀 있게 마련이다.

1. 잘되면 축하할 일이고, 실패했으면 경험이 되는 일이다.
2. 계속 시도하넌 실수로리도 성공하게 된다.

3. 이 골목만 돌면 행운이 기다리고 있다.

4. 난 운이 좋은 사람이라서 다 잘 풀릴 것이다.

5. 된다고 생각하면 가능성도 높아진다.

6. 잘 되고 있어, 현실은 늘 해석하는 자의 몫이니까.

7. 뭐든 내가 바라는 건 결국 이루어진다.

운이 좋은 사람에겐 하나의 특징이 있다. 그들은 늘 좋은 말만 골라 쓴다. 좋은 말은 생동하며 움직인다. 당연히 그들의 삶의 흐름은 방향을 잃지 않는다. 입버릇처럼 내뱉는 한마디가 운명을 다듬는 조각칼이 되므로 잘 벼리고 써야 한다. 그러니 나쁜 말을 줄이고 좋은 말을 자주 써라. 그 말이 쌓여 마음의 방향을 바꾸고, 마음이 바뀌면 현실이 바뀐다. 무엇보다 이 말을 꼭 기억하자.

"나를 아는 모두가 나를 응원하고 있다."

믿음이 있는 사람은 결코 무너지지 않는다. 희망은 혼자가 아니라는 확신에서 싹튼다. 오늘 하루도 자신에게 이렇게 속삭여 보자.

"세상이 나를 돕고 있다."

3. 믿음이 언어가 될 때 기적이 일어난다

그 한마디는 막혀 있던 길을 서서히 열어 주는 힘이 된다. 그리고 그 힘은 꼭 필요한 순간 조용히, 그러나 분명하게 당신의 편에 서 준다.

4

조용히 단단해지는
사람의 법칙

: 품격 :

나를 멋지게 사랑하는
7가지 루틴

세상에서 가장 어리석은 행동은 성공한 타인의 천 번째 날과 이제 막 시작한 나의 첫 번째 날을 비교하는 일이다. 비교 자체가 나쁜 것은 아니다. 다만 비교를 하려면 그의 첫날과 나의 첫날을 나란히 두고 무엇이 달랐는지 살펴야 한다. 그 차이를 아는 순간 비교는 자책이 아니라 깨달음이 된다. 나를 중심에 두고 하루를 산다는 것은 결국 '습관의 방향'을 바꾸는 일이다. 다음의 7가지 루틴이 당신을 스스로 사랑하는 사람으로 만들어 줄 것이다.

1. 아침에 일어나 거울을 보며 '멋져!'라고 말하기

2. 매일 '오늘의 질문'을 가슴에 품고 살기

3. 적게 먹고, 많이 움직이기

4. 새벽 조깅으로 하루를 시작하기

5. 일상의 사랑스러움 발견하기

6. 안 되는 건 잊고, 나라서 가능한 걸 찾기

7. 나를 빛낼 수 있는 멋진 글을 낭독하고 필사하기

많은 사람들이 이런 걱정을 한다.

'혹시 누군가에게 미움을 받으면 어쩌지?'

하지만 자신을 사랑하는 사람은 이런 생각을 하지 않는다. 그들은 이미 알고 있다. 누군가의 시선보다 더 중요한 것은 '내가 나를 어떻게 바라보는가?'라는 사실을. 직장 생활, 사업, 결혼, 강연, 독서…… 그 무엇이든 새롭게 시작하려 할 때 두려움이 앞선다면 그건 아직 절실하지 않다는 뜻이다. 절실한 사람은 비판을 두려워하지 않는다. 자신의 길을 믿는 데 온 에너지를 쏟는다. 절실함에는 온도가 있다. 그 온도를 높이는 가장 빠른 방법은 이 한마디를 새겨 두는 것이다.

"까짓거, 그냥 한번 해 보자!"

이 말에는 두려움보다 의지를 선택하겠다는 비장한 다짐이
있다. 스스로 된다고 믿으면 결국 된다. 이건 마음의 과학이자
우주의 법칙이다. 그러니 오늘부터 누구의 길도 아닌 당신의
길을 꿋꿋하게 걸어라. 비교의 그림자에서 벗어나 당신 안의
빛으로 물들이며 나아가라.

흔들리는 감정을 늘 차분하게
관리하는 법

⌇

매사에 지나치게 진지할 필요는 없다. 인간은 모두 언젠가는 죽는다. 그 사실 하나만으로도 우리가 지금 붙잡고 있는 많은 걱정이 얼마나 사소한 것들에 지나지 않는지 깨달을 수 있다. 물론 진심으로 고민할 문제도 있다. 그렇다고 해서 인생의 모든 순간을 무겁고 진지하게만 받아들일 필요는 없다. 걱정도 습관이다. 그 습관이 하루를 잠식하면 그날은 당신의 인생에서 사라진 하루가 된다. 하루를 잃지 않으려면 감정을 억누르지 말고 다루는 법을 배워야 한다.

4. 조용히 단단해지는 사람의 법칙

1. 감정은 숨기는 것이 아니라 표현하는 것이다.

2. 자꾸 숨기려 하면 언젠가 폭발하게 된다.

3. 표현력을 길러야 비로소 감정도 다스릴 수 있다.

4. 정리되지 않은 감정은 결국 내면의 독이 된다.

5. 하루에 단 10분이라도 자신의 감정을 돌아보라.

6. 사색하며 감정의 이름을 글로 써 보라.

7. 모호한 감정은 결국 모호한 인생을 만든다.

감정을 선명히 표현할수록 인생도 선명해진다. 그 선명함은 자신을 지켜 주는 힘이 된다. 지혜로운 사람은 하루를 기쁨과 희망으로 채우려 애쓴다. 그건 낙관이라기보다 성실한 태도에 가깝다. 다시 한번 기억하라. 인간은 모두 언젠가는 죽는다. 오늘을 걱정만으로 채우기엔 삶은 너무 짧다. 기쁨과 희망으로 채워도 모자랄 만큼 귀하디 귀하다. 당신이 걱정하고 있는 일은 사실 대부분 현실에서는 잘 일어나지 않는다. 그러니 지금 이 순간 그 자리에 기쁨과 희망을 심어라. 소중한 내 삶에 바치는 최소한의 예의이자 가장 단단한 감정 관리법이다.

현명한 사람으로
성장하고 있다는 증거

&

'이렇게 다들 하는 데는 다 이유가 있겠지.'

많은 사람은 이렇게 생각한다. 그래서 묻지도 따지지도 않고 남들이 걷는 길을 그대로 따라간다. 하지만 정말 현명한 사람은 다르게 생각한다.

'이미 수많은 사람이 하는 걸 굳이 나까지 할 필요는 없어.'

그들은 남의 선택을 따라가는 대신 각자만의 이유로 방향을 정한다. 세상엔 수많은 자격증과 스펙이 있지만, 그중 어느 것도 모두가 해야 하는 절대적인 능력은 아니다. 진짜 현명함은 작은 것 하나라도 스스로 선택하는 데서 시작된다.

1. 거절을 죄책감 없이 편안하게 하고 있다.

2. 감정의 격차가 눈에 띄게 줄었다.

3. 아침에 일어나면 하루가 기대된다.

4. 글로 쓰고 싶은 일이 자주 생긴다.

5. 의식적으로 긍정의 언어를 사용한다.

6. 만나는 사람들의 수준이 높아졌다.

7. 환경을 탓하기보다 방법을 찾는다.

이 7가지는 모두 당신이 건강하게 살고 있다는 신호다. 많은 사람이 같은 길을 가는 이유는 그 길이 옳아서가 아니라 서로를 흉내 내며 불안을 달래고 있기 때문이다. 인생은 끝없는 선택의 연속이다. 남을 흉내 낸 선택만 계속하다 보면 결국 내 인생은 하나도 남지 않는다.

"나는 나라서 다른 방향으로 뛴다."

그 한 문장만 지킬 수 있다면 당신의 세계는 달라질 것이다. 지적으로 높은 수준에 이르면 눈에 들어오는 것들이 달라진다, 사람이 달라지고, 공간이 달라지고, 삶의 결이 달라진다. 그것이 바로 현명한 사람으로 성상하고 있는 바로미터다.

품격

성장하려면 자기만의 햇빛을
가지고 있어야 한다

～⌒◡⌒～

자존감은 개인이 가진 고유한 햇빛과도 같다. 아무리 불행하고 어두운 환경에 놓여 있어도 그 빛을 꺼내면 언제든 스스로 밝힐 수 있다. 그래서 자존감이 단단한 사람은 늘 긍정적이다. 그래서일까? 그들에게는 이상하게도 좋은 소식만 찾아온다. 단지 운이 좋아서가 아니다. 자기만의 햇빛이 스스로 작은 기적을 매일 비추기 때문이다. 세상이 내 삶에 어둠을 던져도 괜찮다. 나는 내 안의 빛을 발하고 있으니까. 그 빛으로 어둠의 의미마저 다시 쓸 테니까.

1. 하루에 몇 번을 마주쳐도 꼭 인사를 한다.

2. 호칭을 적절히 써서 정중하게 대한다.

3. 문자 한 줄에서도 품격이 느껴진다.

4. 같이 있으면 괜히 나까지 근사해지는 기분이 든다.

5. 감정의 높낮이가 크지 않아 예측이 가능하다.

6. 어휘력과 표현력이 풍부해서 듣는 맛이 있다.

7. "기대된다!"라는 말을 주변에서 자주 듣는다.

그들은 단단하지만 결코 뻣뻣하지 않다. 부드럽게 흔들리지만 쉽게 부러지지 않는다. 요즘 "중요한 건 꺾이지 않는 마음이다."라는 말을 자주 한다. 하지만 그 문장을 곧이곧대로 믿다 보면 오히려 꺾이지 않으려 애쓰다 더 깊이 다칠 수 있다. 진짜 중요한 건 꺾이지 않는 마음이 아니라 꺾여도 다시 일어서는 마음이다. 꺾이지 않으면 그 나름대로, 꺾이면 꺾인 대로 계속 걸어가는 사람만이 결국 자기만의 햇빛을 쬘 수 있다. 그러니 마음에 새겨 두자. 꺾인 순간도 여전히 소중한 나의 인생, 내 모습이라는 것을.

경제적인 자유를 빠르게 얻은
사람들의 태도

∞

나이가 들수록 이상하게도 경제적으로 더 잘 풀리는 사람들이 있다. 그들은 특별히 운이 좋거나 남보다 더 많이 일한 게 아니다. 결정적인 차이는 단 한 가지, 자기 언어를 스스로 설계했다는 데 있다. 그들은 자신에게 늘 잘 풀리는 언어를 선물한다. 일단 불경기라는 말을 사용하지 않는다.

"요즘 불경기라서 다들 힘들지."

이 문장은 위로 같지만 사실은 불길한 자기 암시다. '불경기', '힘들다', '다들'이라는 단어가 무의식 속에서 이미 스스로의 가능성을 가로막는다. 실제로 '다들' 어려운 것도 아니다.

누군가는 위기를 기회로 만들고, 누군가는 여전히 잘 버티고 있으며, 또 누군가는 성장하고 있다. 결국 '다들'이라는 표현은 자신이 남의 어려움에 편승하고 있음을 합리화하는 말에 불과하다. 어려움 속에서 기회를 잡는 사람은 이렇게 생각하고 말한다.

1. 번 돈이 아니라, 쓴 돈이 내 돈이다.
2. 내가 생각한 것만 나의 지식이다.
3. 좋은 정보는 내 머릿속에서 나온다.
4. 서툰 믿음은 어설픈 선택의 결과다.
5. 실패가 반복되면 나 자신을 돌아봐야 한다.
6. 내 생각의 크기가 부의 크기다.
7. 최고의 투자자는 최고의 사색가다.

모든 재테크는 결국 사유의 문제다. 남의 말에 기대서 시작하면 끝도 남의 손에 달려 있게 된다. 그러나 스스로 생각해서 시작한 일은 끝 또한 스스로 결정할 수 있다. 경제적인 자유의 핵심은 돈이 아니라 선택의 주체성에 있다. 사소한 것 하나라도 스스로 생각해서 결정하는 사람만이 끝내 진짜 부의 결실을 얻을 수 있다. 무엇보다 이 사실을 잊지 말자. 나쁜 말을 하지 않는 것만으로도 우리는 이미 좋은 운의 흐름 안으로 들어가고 있다는 것을.

우아한 내면을 만드는
7가지 생각

사람을 만날 때 지나치게 저자세로 나가는 건 결국 자신에게도, 상대에게도 좋지 않다. 한쪽이 과하게 고개를 숙이면 다른 한쪽은 저절로 고개를 들게 마련이니까. 그렇게 자발적인 '을'이 자연스레 '갑'을 만들어 낸다. 서로 아름답게 고개를 숙이는 장면은 드라마 속에서나 가능하다. 현실의 삶에서는 한쪽이 자주 숙이면 다른 한쪽은 익숙하게 받기만 한다. 반면 우아한 내면의 소유자는 웃으며 사람을 대하되 적당히 고개를 들 줄도 안다. 그는 겸손과 존엄 사이의 균형을 잡는다. 그 품위는 태도에서 나오고, 그 태도는 생각에서 자란다.

1. 천천히 그러나 쉬지 않고 가면 돼.

2. 잘할 예정이니 긴장할 필요 없어.

3. 날개가 있다고 생각하며 날아오르듯 걷는 거야.

4. 나는 깊은 눈빛을 갖고 있어.

5. 힘든 이야기보다 좋은 이야기를 많이 하자.

6. 과식을 피하고 생각을 많이 하며 살자.

7. 이동할 때 스마트폰 대신 풍경을 보자.

이 7가지 생각은 빠르게 흘러가는 삶의 속도를 늦추면서도 무게를 잃지 않게 한다. 이 생각들을 내면화하면 마음을 고요하고 단단하게 빚어 준다. 세상에는 만나면 괜히 마음이 따뜻해지는 사람이 있다. 그와 함께 있는 공간에는 언제나 따뜻한 온기가 흐른다. 그게 바로 우아한 내면의 힘이다. 그는 욕심을 내려놓고, 당신의 표정을 살피며, 당신이 어떤 말을 들을 때 웃는지 눈여겨본다. 그런 사람이 곁에 있다면 그는 당신의 행운이다. 그리고 당신이 그런 사람이 될 수 있다면 그보다 더 아름다운 인생은 없다.

4. 조용히 단단해지는 사람의 법칙

오십 이후 삶의 질을 높이는
7가지 방법

∿

살다 보면 원하는 인생을 살고 있지 못하다고 느껴지는 순간이 온다. 그럴 때 사람들은 흔히 이렇게 말한다.

"모든 꽃은 피는 시기가 다르다."

물론 그 말은 따뜻하고 희망적이다. 하지만 두 가지 사실을 간과하고 있다. 하나는 나는 꽃이 아닐 수도 있다는 것, 또 하나는 모든 꽃이 다 피는 것은 아니라는 것. 세상에는 피지 않아도 아름다운 존재가 있다. 꽃이 되지 않아도 빛나는 삶은 얼마든지 가능하다. 그래서 오십 이후의 삶은 "무조건 꽃피워야 한다."라는 강박에서 빗이니 ㅏ만의 철학과 기준으로 삶의 질을

품격 121

높이는 시간을 보내야 한다.

1. 완벽을 고민하기보다 일단 해내는 힘을 믿기
2. 수면 시간을 평소보다 한 시간 늘리기
3. 목표를 작게 잘라 단기 목표부터 완성하기
4. 싫은 사람이 생기면 최대한 빠르게 돌아서기
5. 나를 중심에 두고 선택하는 일들을 늘리기
6. 혼자 떠나는 여행을 조금씩 즐기기
7. 정기적으로 내 주변을 정리하기

오십 이후의 인생은 속도가 아니라 방향이 중요하다. 남들이 어디까지 갔는가보다 내가 지금 어떤 마음으로 어디를 향해 걷고 있는가가 더 중요하다. 세상에 태어나 한자리를 차지하고 살아 있다는 사실만으로도 이미 내 삶의 가치는 충분하다. 잘해서 대단한 것도, 부족해서 초라한 것도 아니다. 나는 그저 나라서 아름답고 그 자체로 사랑받을 자격이 있다. 그러니 더는 애쓰지 말고 혼자 있는 시간의 고요를 사랑하자. 마음을 낭비하게 하는 만남보다는 마음을 따뜻하게 하는 만남으로 내 일상

4. 조용히 단단해지는 사람의 법칙

을 채우자. 오십 이후의 품격은 더 많이 가지는 데서 오지 않는
다. 덜 가지되 더 깊이 느끼는 깊이에서 온다. 그것이야말로 조
용히 삶을 높여 주는 품격이다.

이런 사람을 당장 끊어야
인생이 술술 풀린다

과거에 내게 좋은 사람이었다고 해서 지금도 여전히 좋은 사람이라고 단정할 수는 없다. 계절이 변하듯 사람의 마음과 상황은 끊임없이 변한다. 그런데도 우리는 '예전엔 좋았던 사람'이라는 이유로 끝내 그 관계를 놓지 못한다. 좋았던 기억 하나에 매달리기만 하면 현재의 나는 서서히 무너진다. 인생에서 중요한 건 '과거'가 아니라 '현재'다. 지금의 나를 괴롭히는 사람이라면 그 관계는 이미 수명이 다한 것이다. 지혜로운 사람은 언제나 현재를 기준으로 관계를 판단한다.

1. 내가 느끼기에 기분이 나쁘면 그건 나쁜 것이다.
2. 첫 느낌이 좋지 않으면 나중에는 더 최악이 된다.
3. 가르치려 드는 사람에게는 정작 배울 게 없다.
4. 늘 자책하며 분노하는 사람은 내 에너지를 갉아먹는다.
5. 나쁜 일이 생겼을 때만 찾아와 교묘히 놀리는 사람은 피하라.
6. 그냥 보기만 해도 이상하게 기분 나쁘게 만드는 사람은 만나지 마라.
7. 내가 가진 꿈과 희망을 자꾸 의심하게 만드는 사람은 정리하는 게 답이다.

인생에서 가장 큰 비중을 차지하는 건 결국 사람이다. 집을 꾸밀 때 어떤 가구를 들일지 신중하게 고르듯 내 삶의 공간에 들이는 사람 또한 신중하게 택해야 한다. 만약 어떤 사람이 나의 시간을 빼앗고, 나의 마음을 불편하게 만들고, 나의 에너지를 엉뚱한 곳으로 흘러가게 만든다면 그 관계는 더 이상 내 인생의 일부가 되어서는 안 된다. 주저하지 말고 조용히 멀어지자. 글을 숨기고, 팔로우를 끊고, 연락처를 지워도 좋다. 그건 냉정한 게 아니라 현명한 자기 보호 방식이다. 좋은 인연을

만나기 위해선 먼저 나쁜 인연을 정리해야 한다. 그를 끊어야
내가 산다. 진짜 인생은 좋은 사람 곁에서 비로소 시작된다.

서른 이후 점점 삶의 고수가 되는 사람의 특징

&

"잠자는 동안에도 돈이 들어오는 방법을 찾아내지 못한다면 당신은 죽을 때까지 일을 해야만 한다."

워런 버핏의 이 조언은 한 시대를 살아가는 이들에게 오랫동안 회자되었다. 하지만 시간이 지나며 그 의미가 조금씩 변질되었다. 요즘 보면 잠자는 동안 돈이 들어오는 방법을 찾는 사람보다 그저 잠만 더 오래 자는 법을 궁리하는 사람이 훨씬 많다. 그리고 정작 방법은 찾지 않으면서 결과만 바라본다. 움직이지 않으면서 기적을 바란다. 진짜로 잠자는 동안에도 돈이 들어오게 만들고 싶다면 잠든 시간보다 깨어 있는 시간이 더 많아야 한다. 그리고 그 깨어 있는 시간 동안 다른 사람보다 한 층 더 깊고 치열하게 살아야 한다. 삶의 고수가 되어 가는 사람들에게는 다음과 같은 특징이 있다.

1. '나는 늘 배워야 한다.'라고 생각한다.
2. 그 생각이 그의 관점을 한층 섬세하게 만든다.
3. 시각이 섬세해지니 보이는 게 많아진다.
4. 보이는 게 많아지니 다양한 삶의 진리를 깨닫는다.
5. 나는 여전히 모르는 게 참 많은 사람이라고 생각한다.
6. 타인의 인정을 갈구하지 않는다.
7. 나만 창조할 수 있는 세계를 완성한다.

산다는 건 쉽지 않은 일이지만 그 속에서도 삶의 고수로 성장하는 방법은 있기 마련이다. 그들은 이미 알고 있다. 진짜 성장은 누가 시켜 주는 것이 아니라 스스로 만들어 내는 것임을. 타인이 이룬 결과를 부러워하지 말고 내가 가야 할 길을 묵묵히 걸어라. 그 길 끝에는 반드시 '내가 만든 내 인생'이라는 멋진 풍경이 나를 기다리고 있다.

4. 조용히 단단해지는 사람의 법칙

별것 아니지만 자존감을
체계적으로 높이는 습관

쉬운 인생은 없다. 지금도 모두가 저마다의 전쟁을 치르며 하루하루를 버틴다. 질투, 시기, 비난, 분노…… 이 모든 감정이 나의 하루를 방해하며 그동안 쌓아 올린 노력을 무너뜨리려 한다. 하지만 수많은 사람을 만나며 그들의 말과 표정 속에서 한 가지 분명한 사실을 배웠다.

"나를 싫어하는 사람이 한 명이라면, 나를 좋아하는 사람은 아홉 명이다."

이 단순한 진리를 마음에 새기면 자존감은 언제나 내 편이 되어 준다. 그 사실을 기억히는 순간 세상은 더 이상 두렵지 않다. 자신을 믿고 단단하게 살아가는 사람들의 공통된 습관은 다음과 같다.

1. 구구절절 설명하지 말고 한마디로 단정하게 거절한다.
2. 말할 때 중간에 흐리지 말고 끝까지 문장을 완성한다.
3. 어떤 상황에서도 눈을 바라보며 대화한다.
4. 식당에서는 자신이 먹고 싶은 메뉴를 주문한다.
5. 자신을 깎아내리지 않되, 늘 겸손함을 잃지 않는다.
6. 화를 낼 때는 감정을 배제하고 오직 사실만 전달한다.
7. 상대의 눈치를 보며 내 생각과 행동을 바꾸지 않는다.

하루를 시작할 때마다 이렇게 다짐하자.

"오늘도 나의 편으로 온전히 살겠다."

집을 나서는 순간 세상은 앞다투어 내 자존감을 시험하려 들 것이다. 하지만 내가 나를 지키는 한 그 어떤 말도 나를 흔들 수 없다. 세상에는 나를 무작정 싫어하는 한 사람이 있을 수 있다. 그러나 그 사실은 동시에 나를 이유 없이 좋아하는 아홉 사람이 존재한다는 뜻이기도 하다. 그 아홉 명의 시선을 바라보며 걸어가라. 그들에게 미안해하지 말고 그들 앞에서 더 당당하게 빛나기 위해 노력하라. 성장은 언제나 스스로 믿는 자의 것이다.

5

인생을 너무 심각하게
살지 마라
: 여유 :

인생을 너무 골똘하게 살지 않아야
잘되는 이유

〜

살다 보면 종종 공격적인 사람을 만나게 된다. 말 한마디에도 날이 서 있고, 표정 하나에도 비수가 숨겨져 있다. 그럴 때 우리는 본능적으로 자신을 지키기 위해 방어막을 세운다. 하지만 그 방어는 자신을 더 예민하게 만들고 결국 마음의 상처를 남긴다. 상대가 날카로울 수록 나는 더 여유로워져야 한다. 상대가 공격적일수록 나는 더 자신에게 무해한 것들만 줘야 한다. 그 법칙을 어기면 결국 예리한 칼날에 다치는 건 나 자신이다. 그래서 그 순간만큼은 상대가 아니라 나를 먼저 진정시키는 일이 더 중요하다. 그럴 때는 이렇게 마음을 내려놓자.

"지금 나는 편안한 의자에 앉아 있다."

그 한마디만 떠올리면 된다.

1. 살아 있는 한 다음 기회는 반드시 주어진다.

2. 이번에 안 되면 다음에 시도하면 된다.

3. 힘든 감정은 무시하면 결국 사라진다.

4. 그러나 저항하면 오히려 상황이 더 나빠진다.

5. 심각하게만 생각하는 건 불행을 자초하는 일이다.

6. 타인의 생각과 결론은 내가 조절할 수 없다.

7. 내 생각을 차분하게 다스려야 한다.

이 모든 건 마음의 여유가 있을 때 비로소 자연스럽게 이루어진다. 내 마음은 내 것이다. 그 누구도 함부로 들어올 수 없고, 나 또한 타인의 감정에 휘둘릴 필요가 없다. 상대가 공격적이라고 해서 굳이 나까지 그 무게를 떠안을 이유는 없다. 그의 공격성은 결국 그 자신에게 되돌아갈 것이다. 나는 그저 고요히 내 안의 평온만 지키면 된다. 세상은 언제나 번잡스럽고 시끄럽지만 마음은 잔잔한 바람이 부는 곳이어야 한다. 그 평온

5. 인생을 너무 심각하게 살지 마라

속에서 할 일에 집중하고 조용히, 그리고 꾸준히 스스로 단단
하게 만들어 가면 된다.

사슬에 묶여 우는
사자가 되지 마라

나는 내가 되기 위해 이 세상에 태어났다. 이 단순한 진리를 잊는 순간 우리는 타인의 시선에 길들여진 짐승이 된다. 상대에게 좋은 사람이 되려다 결국 자신에게 나쁜 사람이 되지 말자. 나를 아프게 한 모든 말이 진실일 리 없다. 그 말들 대부분은 타인의 불안이 만든 환영일 뿐 그 어떤 말도 나를 온전히 아프게 만들 수는 없다. 결국 나를 묶는 사슬은 남이 아닌 나 자신이 쥐고 있다. 이제 그 사슬을 끊어라. 그리고 지금부터는 세상의 목소리가 아닌 나 자신과의 대화를 시작하라.

5. 인생을 너무 심각하게 살지 마라

1. 사슬에 묶여 우는 사자가 되느니 차라리 자유를 즐기는 연약한 양이 되는 게 낫다.

2. 작심삼일을 반복하는 건 가치 있는 일이다.

3. 자신을 의지하는 삶의 시작이니까.

4. 자신을 믿고 배신하는 나날을 반복하라.

5. 그렇게 나는 점점 더 단단해진다.

6. 내면에 숨겨져 있는 본성을 꺼내라.

7. 자신에게 의존하며 사는 하루를 시작하라.

인생은 자신에게 의존하는 법을 배우는 기나긴 수업이다. 지금 힘들다면 그건 당신이 성장하고 있다는 뜻이다. 타인에게 기대는 습관을 조금씩 줄이고 스스로 믿는 연습을 조금씩 늘려라. 사슬에 묶여 울기만 하는 사자는 결국 자신이 만든 울타리에서 벗어나지 못한다. 단 한 번이라도 울부짖으며 "나는 나로 살겠다."라고 외쳐라. 그 한 번의 결심이 사자를, 당신을 울타리 밖으로 이끈다. 그리고 평생 다시는 묶이지 않는다. 나는 나로 살 때 가장 아름답다는 사실을 결코 잊지 마라.

세상에서 가장
쓸모없는 시간들

꧁

요청하지도 않는데 굳이 나서서 다른 사람의 인생에 참견
하거나 관여하지 마라. 아까운 내 시간과 감정을 소모하는 일
이 될 테니까. 그것이야말로 세상에서 가장 쓸모없는 짓이다.
자신에게 일어난 문제의 해법을 가장 잘 아는 사람은 언제나
자기 자신이다. 그러므로 우리는 자신의 문제를 스스로 깨닫고
해결할 때까지 그냥 조용히 지켜봐 주기만 하면 된다. 물론 자
신의 문제를 전혀 모르는 사람도 있다. 하지만 그때도 그냥 지
켜보기만 하라. 스스로 문제를 모르는 사람이라면 어차피 누가
조언을 해도 모르기 마련이니까. 그의 부모도 평생 고치지 못

한 것들을 당신의 한마디 말로 순식간에 바꿀 수 있을 거라 믿는다면 그건 오만에 가깝다. 인생에서 그런 시간만 아껴도 우리는 자신을 위해 훨씬 더 많은 시간을 쓸 수 있다.

1. 나의 말과 글에 대한 상대의 평가에 흔들리며 방황하는 시간
2. 나를 오해한 상대의 마음을 돌리기 위해 구구절절 설명하느라 보낸 시간
3. 내 가치를 모르는 사람에게 내가 가진 가치를 설득하느라 흘려보낸 시간
4. 믿을 수 없는 사람을 믿고, 그가 바뀌기를 소망하며 기다렸던 시간
5. 나도 잘 모르는 곳에 투자해 어떻게든 될 거라 자신을 위로한 시간
6. 화가 났을 때 참고 버티며 이해하면 상대가 내 진심을 알아줄 거라 믿은 시간
7. 아무리 후회해도 바꿀 수 없는 일에 감정과 마음을 소모한 시간

우리는 모두 인생의 길 위에서 쓸모없는 시간과 의미 있는 시간을 동시에 경험한다. 하지만 결국 남는 건 누구의 시간도 아닌 나의 시간이다. 돌이켜 보자. 무엇이 정말 나를 성장시키는 시간이었는지, 무엇이 나를 닮게 만든 시간이었는지. 쓸모없는 시간에 머무는 대신 고요한 자기 시간을 채우며 살라. 조용히 책을 읽고, 생각을 정리하고, 내일의 나를 위해 오늘을 써라. 그런 하루를 살아 낸 사람의 시간만이 당신을 배신하지 않는다.

5. 인생을 너무 심각하게 살지 마라

결국 모든 실력은
여유에서 나온다

"좀 여유를 갖고 사는 게 좋겠어."

주변에서 이런 말을 할 때마다 고개를 끄덕이지만, 막상 현실로 돌아오면 다시 쫓기듯 바쁘게 살게 된다. 문제는 무엇일까? 여유를 즐기며 살기 위해서는 먼저 이 질문에 답해야 한다.

"여유는 도대체 어디에서 오는 걸까?"

대부분 여유가 시간에서 나온다고 생각한다. 하지만 바로 그 착각 때문에 평생 여유를 누리지 못한다. 여유는 시간이 아닌 마음에서 나온다. 약속이 없어서 여유로운 것이 아니라 약속이 빼곡해도 마음먹기에 따라 얼마든지 여유로울 수 있다.

1. 자기 자신을 보살필 수 있어야 진정한 마음의 여유를 즐길 수 있다.

2. 삶의 정답은 여유를 가지고 기다릴 수 있는 자에게만 안긴다.

3. 삶의 고통과 기쁨 사이에서 중심을 잡으려면 여유가 필요하다.

4. 여유를 가져야 일상을 주도적으로 즐길 수 있는 힘을 얻을 수 있다.

5. 여유가 사라지면 스트레스가 마음을 지배한다.

6. 때로는 아무것도 하지 않아도 괜찮다는 말을 자신에게 들려줘라.

7. 자신의 하루와 공간을 온전히 제어할 수 있는 사람은 언제나 한결같은 여유를 지닌다.

능력자는 겉으로는 바빠 보이지만 그 마음은 늘 고요하다. 지혜로운 사람들은 일상의 틈 사이사이에 자신만의 여유를 심는다. 여유가 없는 사람은 쉬지 않고 죽음으로 달려가는 사람과 같다. 왜 그토록 달려야만 하는가. 도착점은 결국 똑같이 '하루의 끝'일 뿐인데. 그러니 잠시 멈춰도 된다. 아무것도 하지 않는 순간을 두려워하지 마라. 무언가를 하지 않는다고 해서 당신의 모든 게 멈춘 것은 아니니까. 당신은 이미 충분히 잘 살고 있다. 여유를 즐겨도 괜찮다. 그 자격을 의심하지 마라.

타인의 소리에 흔들리지 않는
생각법

~

"그렇게 살면 나중에 후회한다."

"그건 별로 좋은 선택이 아닌 것 같은데."

이런 말을 한 번이라도 안 들어 본 사람이 있을까? 아무리
확신을 가지고 내린 결정도 주변의 이런 말 한마디에 우리는
사정없이 흔들리고 스스로를 의심하게 된다.

'내가 과연 맞는 걸까?'

그런 생각이 들 때마다 꼭 기억하라. 내 인생의 유일한 전
문가는 바로 나 자신이라는 사실을. 나를 매일 관찰하고, 나의
선택과 실패를 모두 지켜본 사람은 세상 천지 나밖에 없다. 그

5. 인생을 너무 심각하게 살지 마라

러니 결국 나를 가장 잘 아는 사람도, 나를 가장 잘 성장시킬 수 있는 사람도 오로지 나다. 이 사실을 잊지 않으면 아무리 세상의 거센 소음 속에서도 중심을 잃지 않게 된다.

1. 아무도 하지 못하니 내가 하는 거지.
2. 괜찮으니까 차분하게 해.
3. 나를 책임지는 사람은 결국 나야.
4. 나는 내가 가진 철학을 믿어.
5. 평소에 하던 대로 하면 돼.
6. 나를 가장 잘 아는 사람은 나야.
7. 나중에 후회하지 않을 선택을 하자.

선택한다는 건 목적지로 향하는 티켓을 끊는 일이다. 열차에 탔다면 이제 내리지만 않으면 된다. 타인의 말에 흔들려 중간에 내린다면 평생 목적지에 도착하지 못한 채 자꾸 다른 플랫폼만 기웃거리게 된다. 그렇게 인생을 흘려보내지 말자. 누군가의 목소리가 시끄럽게 들릴수록 더 깊이, 더 맹렬히 내 안의 목소리에 귀를 기울여야 한다. 수음을 제거하는 건 냉정하게 아니라 소중한 삶을 지키는 일이다. 그리고 그 끝에는 언제나 이런 확신이 따른다.

"나를 가장 잘 아는 사람은 이 세상에 오직 나 하나뿐이다."

인생을 너무 심각하게
살지 말자

일이 잘 풀리지 않을 때나 인생이 마음처럼 흘러가지 않을 때 자신에게 너무 가혹한 말을 들려주지 말자. 가혹한 말은 마음에 생채기를 남길 뿐 문제 상황을 해결하지 못한다. 오히려 마음을 더 복잡하게 만들어 스스로 더 깊은 수렁으로 끌고 들어간다. 그럴 땐 그냥 가볍게 '괜찮아!'라는 말을 자신에게 들려주는 게 좋다. 물론 괜찮다고 말해도 상황이 당장 나아지는 건 아니다. 하지만 그 짧은 말 한마디로 우리는 잠시나마 문제에서 벗어나 자유를 맛볼 수 있다. 너무 문제 안에서만 살다 보면 오히려 해결책을 찾지 못한다. 그럴 맨 과감히 문제 밖으로 걸어나오라. 인생은 그렇게 가끔 한발 떨어져 바라봐야 더 넓고 큰 길이 보인다.

1. 예민해지면 결국 나만 손해다.
2. 심각해질수록 외로움만 깊어진다.
3. 심각한 태도와 진지한 태도는 다르다.
4. 모든 게 내 잘못처럼 느껴질수록 더 힘들다.
5. 머리가 복잡해지면 문제는 더 꼬인다.
6. 그러면 모든 악의 기운을 다 흡수하게 된다.
7. 심각할 정도로 엄청난 일은 사실 잘 생기지 않는다.

모든 생각을 내려놓고 무작정 단순하게 살라는 말이 아니다. 다만 삶을 너무 심각하게 다루지는 말자. 인생에서 가장 중요한 건 '잘 사는 것'보다 '가볍게 숨 쉬는 것'인지도 모른다. 우리는 삶을 즐기기 위해 태어났지 고통을 받기 위해 태어난 존재가 결코 아니다. 예민함이 아닌 섬세함으로, 심각함이 아닌 진지함으로 하루를 살아가자. 말처럼 쉽지 않겠지만 온전히 살기 위해서는 그래야만 한다. 그게 결국 우리를 지켜 주는 가장

5. 인생을 너무 심각하게 살지 마라

단순하고 가장 현명한 마음의 기술이다. 삶의 무게를 덜어 낼 수 있을 때 우리는 비로소 자신을 다시 세울 수 있다. 그리고 그 순간부터 인생은 조금씩 우리의 편이 된다.

하루를 시작하며 자신에게 꼭 던져야 할 7가지 질문

∞

내 앞에 닥친 문제는 나를 성장시키기 위해 찾아온 고마운 손님이다. 어떤 문제가 내게 왔다는 건 그 문제가 성장을 위해 필요했다는 증거다. 그러니 문제를 피하거나 외면하지 말자. 주어진 성장의 기회를 밀어내는 일이니까. 문제를 스치듯 지나가면 잠시 편할 수는 있어도 그 문제는 결국 다른 얼굴을 하고 다시 찾아온다. 지금 마주한 시련은 당신이 반드시 통과해야 하는 인생의 관문인 셈이다. 이제 질문을 바꿔야 한다. "왜 나한테만 이런 일이 생기지?"라는 부정의 질문 대신 "이 문제를 통해 나는 어떻게 더 단단해질 수 있을까?"라고 물어야 앞으로

5. 인생을 너무 심각하게 살지 마라

나아갈 수 있다. 하루를 시작할 때 자신에게 던지는 질문이 그 날의 방향과 리듬을 결정하기 마련이다.

1. 어떤 질문을 품고 하루를 보낼 것인가?
2. 오늘 나에게 가장 중요한 시간은 언제인가?
3. 요즘 내가 자주 쓰는 표현은 무엇인가?
4. 오늘 하루는 내게 어떤 의미인가?
5. 꼭 해야 할 것과 미뤄도 되는 건 무엇인가?
6. 나의 어제와 오늘은 무엇이 다른가?
7. 오늘 하루의 제목을 짓는다면 무엇이 좋을까?

이 7가지 질문은 삶의 중심을 매일 다시 세워 주는 작은 의식과도 같다. 어떤 사람은 나이 든 자신의 모습이 보기 싫어서 사진을 찍지 않는다고 한다. 그러나 그렇게 자신을 외면하기 시작하면 결국 아무것도 사랑할 수 없게 된다. 스무 살의 나도 아름답지만 오십의 나 역시 그 자체로 충분히 아름답다. 모든 계절이 각자의 빛으로 존재하듯 모든 나이에도 그 나이에 깃든 향기가 있다. 늙는다는 건 시들어가는 게 아니라 내면의 색이 더 깊어지는 일이다. 그 사실을 잊지 않기 위해 매일 작은 질문을 스스로 던져 보자. 오늘의 나는 어제보다 무엇이 더 단단해졌는지, 무엇을 놓아야 마음이 가벼워지는지, 무엇이 나를 더 나답게 만드는지. 그 질문들이 하루를 지탱하고, 그 하루들이 쌓여 당신의 인생을 빛나게 만든다. 죽는 그날까지 자신을 사랑할 수 있는 질문을 잃지 않는 사람이야말로 진짜 어른이다.

좀 덜 진지해야
일도 잘 풀린다

∽

진지함이 꼭 필요한 순간도 있다. 하지만 하루 24시간 내내 진지한 사람을 보면 어떤 생각이 드는가? 왠지 피곤한 인생을 스스로 자처하는 사람 같다는 느낌이 들지 않는가?

사는 일은 그 자체로 이미 충분히 복잡하고 어렵다. 거기에 진지함까지 덧입히면 마음은 금세 무거워져 가라앉는다. 쓸데없는 과소비가 가정 경제를 망치듯, 쓸데없는 감정 소비가 마음의 생존 기간을 단축시킨다. 때로는 진지함보다 가벼운 웃음 한 번이 삶을 훨씬 건강하고 단단하게 만든다.

1. 방어적인 태도는 자신을 피곤하게 만들 뿐이다.
2. 너무 진지하기만 한 사람에게 행운은 따르지 않는다.
3. 가벼운 미소가 늘 곁에 머물게 하자.
4. 세상에 정색하고 해야 할 일은 그렇게 많지 않다.
5. 매사에 진지하기만 하면 좋은 사람들이 떠난다.
6. 적당히 진지해야 오히려 더 믿음이 간다.
7. 글과 말에서 좋은 기운이 느껴지게 하자.

진지함에 오래 머물며 헤어나오지 못할수록 나만 손해다. 진지함을 유지하기 위해 소모되는 감정의 에너지가 상상을 초월하기 때문이다. 주변을 둘러보라. 세상에는 만나면 괜히 기분이 좋아지는 사람이 있다. 특별한 말을 하지 않아도 그가 쓴 글이나 움직이는 몸짓 하나만으로 저절로 좋은 기운이 퍼진다. 우리도 그런 사람이 되자. 보기만 해도 마음이 편안해지는 사람. 그렇게 살아야 인생이 덜 피곤해지고 사람들이 나를 편하게 찾는다. 너무 빡빡하게 살면 그 누구에게도 곁을 줄 수는 없다. 바람이 스쳐 지나가듯 세상 모든 것들이 잠시 머물다 갈 수 있는 여백을 내 안에 만들어야 한다. 인생이 잘 풀리는 사람들의 공통점은 단 하나다. 그들은 진지하지 않게 사는 게 아니라 진지하지 않아도 괜찮을 만큼 단단한 마음의 여유를 가진 사람들이라는 것. 우리를 살리는 건 힘겨운 진지함이 아니라 필요할 때 스스로를 가볍게 할 줄 아는 여유임을 기억하자.

흔들리는 감정을
차분하게 만드는 말버릇

감정은 누가 만드는 걸까? 사건이나 상황은 세상과 타인이 만들어 내지만, 그 안에서 어떤 감정을 느끼는지는 오로지 나의 몫이다. 같은 말을 들어도 누군가는 상처받고, 누군가는 웃으며 넘긴다. 결국 감정은 사건이 아니라 해석에서 비롯된다. 내가 어떤 방식으로 세상과 사람을 대하느냐에 따라 내 감정의 방향도 달라진다. 필요 이상으로 감정을 격하게 만들면 그 감정은 나를 지키는 힘이 아니라 나를 후벼 파는 칼이 된다. 감정은 억누를 대상이 아니라 차분하게 길들여야 할 나의 일부다.

5. 인생을 너무 심각하게 살지 마라

1. 나쁜 일은 생각만큼 자주 일어나지 않아.

2. 나라면 가능하다고 생각해.

3. 수고한 나 자신에게 박수 한 번 쳐 주고 다시 시작하자.

4. 내 마음은 내가 결정하는 거야.

5. 긍정적으로 생각하면 좋은 소식이 찾아오더라.

6. 진짜 실력은 평안한 상태에서 나오는 법이야.

7. 곧 지나갈 것들에 연연하지 말자.

두려움을 인생에서 조금씩 지워 가자. 두려움은 나의 무한한 가능성을 빼앗고 평정심을 흔든다. 두려움을 품은 채로는 아무리 훌륭한 계획도 끝내 완성되지 않는다. 이제부터는 내 마음에 좋은 기분, 기쁜 일, 고마운 순간만 초대하자. 그 마음이 내일의 현실이 될 테니까. 그리고 언제든 내가 틀릴 수도 있다는 사실을 차분히 인정하자. 그 자각이야말로 감정을 지혜롭게 다스리는 힘이 된다. 흔들리지 말고 다만 평온하게 걸어가라. 그 평온이 결국 당신의 인생을 지켜 줄 테니.

몸은 늙어도 감정은
늙지 않는 사람들

❧

몸이 늙는 것보다 더 초라한 것은 감정이 늙는 것이다. 감정은 세상을 대하는 나의 태도를 결정한다. '어차피 해도 안 될 거야.'라는 부정적인 감정이 자리 잡는 순간 태도는 무너지고 인생의 결은 흐트러진다. 이마에 생기는 주름은 어쩔 수 없지만 마음에 생기는 주름은 스스로의 의지로 막을 수 있다. 감정이 늙지 않은 사람에게는 다음과 같은 특징이 있다.

1. 살까 말까 할 때는 주로 사는 편이다.
2. 자신에게 엄격하지 굴지 않는다.

5. 인생을 너무 심각하게 살지 마라

3. 예상할 수 없는 이야기를 자주 한다.

4. 진정성이 있고 선하다는 말을 듣는다.

5. 색안경을 끼고 세상을 보지 않는다.

6. 더디게 성장하더라도 꾸준히 노력한다.

7. 차분하지만 단단해서 원칙을 깨지 않는다.

   감정이 늙지 않는 사람은 모든 것을 가능성의 시선으로 바라본다. 가능하다고 믿을 때 감정은 젊음을 유지하고, 불안과 의심을 품는 순간 감정은 급격히 늙어 버린다. 감정이 젊다는 건 단순히 낙관적이라는 뜻만은 아니다. 그건 여전히 세상에 감동할 줄 알고, 작은 일에도 설레며, 한 번의 실패로 자신을 실패자로 만들지 않는다는 뜻이다. 감정이 늙지 않은 사람은 평생 현역으로 살면서 그간 쌓은 경력과 지식을 또 하나의 힘으로 바꾸어 다시 새로운 세상을 만든다. 몸은 세월을 따라 늙어도 감정만은 늘 봄처럼 젊게 두어야 한다. 그 젊은 감정이 결국 당신의 인생을 끝까지 봄날로 만들 것이다.

6

내 언어의 한계는
내 세계의 한계다

: 성찰 :

빈약한 어휘력을 키워 주는
삶의 태도

어느 날 한 고객이 "물건이 배송 중에 파손되어 반송되었습니다."라는 문자를 받았다. 곧 택배 기사에게 전화를 걸었고, 작은 다툼이 일어났다. 핵심은 '반송'이 아니라 '파손'에 있었다. 고객은 '파손'의 의미를 정확히 이해하지 못했고, "왜 나에게 이렇게 어려운 말을 써서 곤란하게 하느냐?"라고 항의했다. 이 작은 사건 하나에 인생의 진실이 숨어 있다. 사람의 교양 수준은 언제나 그가 쓰는 언어에서 드러난다. 아무리 많은 것을 보고 듣고 배워도 자기 안에 담긴 생각을 언어로 표현하지 못한다면 결국 배운 것은 무용지물이 된다.

1. 같은 뜻도 다른 언어로 표현하려고 노력한다.

2. 매번 사소한 차이점을 찾는다.

3. 본질과 근원에 대해 자주 고민한다.

4. 좋은 글을 매일 필사하며 낭독한다.

5. 멋진 문장 하나를 가슴에 품고 산다.

6. 멋진 생각을 가진 사람들과 자주 교류한다.

7. 시간을 들여 좀 더 선명한 표현을 찾는다.

사전을 읽고 단어를 외운다고 해서 어휘력이 자라지 않는다. 어휘력은 사전의 페이지를 넘기는 사람보다 일상의 페이지를 성실히 넘기는 사람에게 찾아오기 마련이니까. 일상을 깊이 바라보고 스치는 감정과 장면을 제대로 붙잡을 줄 아는 사람이 말의 결을 세심히 벼릴 줄 안다. 언어가 풍부한 사람은 결국 생각이 풍부한 사람이다. 언어는 단지 표현의 도구가 아니라 세상을 바라보는 감각의 깊이이자 사고의 품격이다. 유행어나 신조어로 언어를 채우기보다 그 단어를 대체할 나만의 표현법을 찾아보자. 그 한 단어를 찾기 위해 머뭇거리고 고민하는 시간 속에서 생각하고, 느끼고, 성장하게 된다. 깊이 생각하는 사람

만이 깊이 말할 수 있다. 그리고 깊이 말할 수 있는 사람만이
세상과 자신을 제대로 연결할 수 있다. 어휘력은 태도의 결실
이다.

여러 언어를 구사하는 사람들의
빛나는 습관

~

다른 나라의 언어를 배운다는 건 결코 쉬운 일이 아니다. 한글 하나도 온전히 이해하며 쓰기까지 평생이 걸리는데, 전혀 다른 언어를 여러 개 익힌다는 건 그 자체로 한 사람의 의지와 태도를 보여 주는 일이다. 가끔 그런 능력자를 만날 때면 그들만의 특성에 감화를 받게 된다. 그들은 일단 언어를 '능력'으로 대하지 않고 '세계로 향한 열림'으로 대한다. 그들이 가진 탁월함의 비밀은 지능보다 태도에 있다. 그 태도에는 우리가 본받을 만한 7가지 공통점이 있다.

6. 내 언어의 한계는 내 세계의 한계다

1. 그 나라의 문화를 이해하려면 반드시 언어를 알아야 한다.

2. 내 언어의 한계가 곧 내 세계의 한계다.

3. 까짓것 부딪쳐서 배우면 된다.

4. 언어는 내가 지니고 다니는 것 중 가장 값진 것이다.

5. 언어는 세계를 이해하는 가장 지적인 창문이다.

6. 그가 누구고, 어디로 가는지는 언어가 알려 준다.

7. 언어를 알게 되면 그 나라의 사고방식까지 알 수 있다.

물론 타고난 재능도 무시할 수는 없다. 하지만 그것이 전부는 아니다. 배움이란 절반의 타고남 위에 절반의 노력으로 쌓아 올리는 일이다. 그 반복 속에서 언어를 대하는 고유의 방식이 형성된다. 언어의 달인들은 문법보다 문화를 배우고, 단어보다 태도를 익힌다. 그들에게 언어는 시험 과목이 아니라 세상과 연결되는 가장 인간적인 기술이다. 여러 언어를 안다는 건 여러 시선으로 세상을 본다는 뜻이다. 그만큼 세계를 넓게, 사람을 깊게 이해할 수 있게 된다. 5개 국어를 말할 수 있는 사람이 있다면 그가 5개의 언어를 공부했기 때문만이 아니라 5개의 마음으로 세상을 이해했기 때문이다. 말을 넘치는 힘도,

삶을 넓히는 힘도 결국 마음에서 나온다. 그 마음이 넓어질 때 우리의 세계도 서서히 확장된다.

첫 문장을 쉽게 쓰는
7가지 방법

∾

글은 한 사람의 깊이를 가장 정확하게 보여 주는 창이다. 글을 써야만 자신의 지성과 태도를 세상에 분명히 드러낼 수 있다. 글을 쓴다는 건 세상과 나 사이의 오해를 줄이는 가장 품격 있는 대화이기 때문이다. 그러나 글쓰기는 생각보다 쉽지 않다. 이유는 간단하다. 첫 문장부터 막히는 경험을 하게 되기 때문이다. 시작하려는 마음은 뜨겁지만 막상 첫 줄을 쓰려 하면 손이 멈춘다. 그건 30년 넘게 글을 써 온 나도 여전히 겪는 일이다. 그래서 나는 이렇게 정리했다. 글쓰기를 두렵게 만드는 건 재능이 아니라 '첫 문장'이라고. 그 두려움을 이겨 내는 방법은 의외로 아주 단순하다.

1. 일단 주어를 먼저 써라.

2. 결론을 한 줄로 압축하라.

3. 대화하듯 자연스럽게 써라.

4. 지금의 기분을 있는 그대로 표현하라.

5. 짧은 인용구 하나로 문을 열어라.

6. 머릿속에 떠오르는 단어를 그저 나열하라.

7. 이 글을 왜 써야 하는지부터 써라.

첫 문장은 언제나 높디 높이 벽처럼 느껴진다. 하지만 아무리 애써도 첫 문장이 떠오르지 않는다면 이렇게 시작해도 좋다. "두 시간이나 고민했지만 첫 문장으로 쓸 말을 찾지 못했다. 왜 이렇게 글을 쓰는 건 어려울까?" 이렇게 쓰는 순간 이미 당신은 첫 문장을 완성했다. 글쓰기는 나를 있는 그대로 보여주는 행위다. 꾸미지 말고, 숨기지 말고, 지금의 나를 진솔하게 드러내라. 가공된 이야기보다 불완전한 솔직함이 훨씬 더 깊은 울림을 만들기도 하니까. 그런 의미에서 첫 문장은 기술이 아

니라 용기에서 시작된다. 자신을 믿고 써 내려가라. 헤밍웨이
나, 무라카미 하루키의 명작도 처음엔 단 한 줄에서 시작되었
다. 세상의 모든 이야기는 결국 한 문장의 용기에서 태어났다.
당신의 한 문장이 당신의 세상을 바꾸는 첫걸음이 된다는 것을
잊지 마라.

삶에 지친 나를 안아 주는
안온한 문장들

삶에 지친 나 자신에게 힘을 주려면 무엇이 필요할까? 그건 다름 아닌 좋은 마음이다. 좋은 마음이야말로 세상에서 가장 강력한 삶의 무기다. 글을 계속 쓰다 보면 결국엔 잘 쓰게 된다. 요리도 하다 보면 자연스레 손에 익는다. 세상 모든 낯선 일들이 다 그렇다. 하지만 시간의 신조차 해결하지 못하는 게 있다. 그건 바로 '나 자신에게 좋은 것을 주려는 마음'을 끝까지 유지하는 일이다. 우리는 종종 원하는 만큼 해내지 못한 자신에게 실망하고, 엄격히 꾸짖는다. 그럴 때마다 입에서는 거친 말이 새어 나오고, 그 말이 마음을 더욱 연약하게 만든다.

6. 내 언어의 한계는 내 세계의 한계다

삶에 지친 나를 안아 주는 안온한 문장들은 그래서 꼭 필요하다. 이 문장들을 자주 낭독하고 필사하며 마음 밭에 심어 두자. 언젠가 다시 무너질 때 그 문장들이 당신을 일으켜 세워 줄 것이다.

1. 아주 희미한 빛으로도 나는 희망을 꿈꿀 수 있어.
2. 함께 울어 줄 사람이 곁에 있다면 실패해도 실패한 게 아니지.
3. 세상에 완전한 사랑은 없어, 다만 완전히 사랑하려는 마음이 있을 뿐.
4. 나는 있는 그대로 충분하고 스스로 그 사실을 잘 알고 있어.
5. 잘 쓴 책처럼 다시 읽고 싶은 멋진 하루를 살자.
6. 나만이 내게 따스함을 줄 수 있으니 좋은 마음만 담자.
7. 나는 세상 그 누구보다 아름답고 소중한 사람이야.

마음이 힘들면 글도 거칠어진다. 마음이 메마르면 세상을 바라보는 마음도 함께 메말라 간다. 내가 미운 날엔 세상도 미워지고, 내가 싫은 날엔 타인의 말투마저 거슬린다. 그럴 땐 세상이 잘못된 게 아니라 내 마음이 시쳐 있음을 알아치러야 한다. 세상이 밉다면 그건 내 안에 미움이 있다는 뜻이고, 세상이 싫다면 그건 내가 나 자신을 싫어하고 있다는 신호다. 그러니 그 순간 세상 탓하기를 멈추고 지친 나를 살포시 안아 주자. 좋은 마음이 나를 살리고, 따뜻한 문장이 나를 지킨다. 삶을 다시 일으켜 세우는 건 언제나 스스로 건네는 다정한 한 문장의 힘에서 비롯된다.

표현력과 어휘력이 뛰어난 사람들이
잘 쓰지 않는 말

～

우리는 생각보다 말을 허투루 쓴다. 식당에서 음식을 먹은 뒤 "맛이 어땠어?"라고 물으면 대부분 "너무 맛있었어."라고 대답한다. 백화점에서 옷을 고른 뒤 "이 옷 어때?"라고 물으면 "너무 예뻐."라는 말이 자동으로 튀어나온다. 장소가 바뀌고 사람이 바뀌어도 나오는 말은 늘 비슷하다. '너무', '대박', '소름'과 같은 단어 몇 개로 하루의 감정과 생각을 납작하게 만든다. 이 말들이 무조건 나쁘다는 뜻은 결코 아니다. 다만 별 생각 없이 의사소통이 가능하다는 데 문제가 있다. 언어가 단순해질수록 생각도 단순해지고, 생각이 단순해질수록 삶의 결이 메말라

간다. 표현력과 어휘력이 뛰어난 사람들은 다음의 7가지 말을
일상에서 거의 사용하지 않는다.

1. 너무

2. 대박

3. 소름

4. 그냥

5. 나쁘지 않아

6. 너 때문에

7. 그게 그거지

이 7개의 말은 생각을 멈추게 만드는 삭제의 언어다. '너무'
라고 말하는 순간 그 뒤의 이유들은 사라진다. '대박'이라 말하
는 순간 감정의 결이 단조로워진다. '나쁘지 않아.'라는 말에는
확신이 없고, '그게 그거지.'라는 말에는 성찰이 없다. 진짜 언
어의 힘은 말의 다양성이 아니라 생각의 정밀함에서 나온다.
그래서 표현력이 뛰어난 사람들은 언어를 허투루 쓰지 않는다.
그들은 한 문장을 쓰더라도 '왜 이 단어여야 하는가'를 묻고 또

묻는다. 그 질문이 쌓일수록 문장은 단단해지고 생각은 깊어진다. 지금부터 일주일만이라도 앞의 말을 삶에서 지워 보라. 놀랍게도 세상이 조금 다르게 들리고, 그동안 무심히 지나쳤던 사소한 냄새, 색감, 마음결이 언어로 다가오기 시작할 것이다. 그때 당신은 깨닫게 될 것이다. 말을 바꾸면 생각이 바뀌고, 생각이 바뀌면 삶의 온도가 달라진다는 것을.

어른을 위한 최소한의
언어 사용법

～

세월은 흘렀는데 성숙한 어른처럼 느껴지지 않는 사람들이 있다. 나이는 들었지만 말투는 여전히 거칠고 반응은 여전히 즉흥적이다. 조금만 불편해도 목소리가 높아지고, 조금만 억울해도 거친 생각이 먼저 튀어나온다. 그럴 때 우리는 알게 된다. 나이만으로는 어른이 될 수 없다는 사실을. 어른에게는 어른만의 언어가 있다. 그 언어는 삶의 무게로 다듬어진 단어로 타인의 마음을 헤아리는 문장에서 나온다. 따라서 진짜 어른이 되려면 먼저 말부터 달라져야 한다. 다음의 7가지 언어 사용법은 그 변화를 시작하는 가장 단순하고 근사한 연습이 될 것이다.

6. 내 언어의 한계는 내 세계의 한계다

1. 안다고 해서 모두 다 말하지 않는다.

2. 잘 모르면서 아는 척하지 않는다.

3. 상황에 맞는 단어를 골라 쓴다.

4. 천천히 조금 말하지만 많은 것을 전한다.

5. 감정을 더 정확하고 선명하게 표현한다.

6. 아무리 분노해도 비속어로 자신을 낮추지 않는다.

7. 자신의 철학에 어울리는 언어를 사용한다.

"아, 저런 사람이 진짜 어른이구나."

이런 말을 듣는 사람들의 공통점은 하나다. 그들은 언어를 함부로 쓰지 않는다. 나오는 대로 말하지 않고, 감정이 흐르는 대로 상처 주는 말을 쉽게 내뱉지 않는다. 어른의 언어는 화려한 단어가 아니라 타인을 향한 존중의 마음에서 시작된다. 삶이 고단할수록, 마음이 지칠수록 존중의 온도를 지켜 내는 사람이 진짜 어른이다. 나이로 자신을 증명할 것인가, 언어로 자신을 증명할 것인가. 선택은 언제나 당신의 몫이다. 그리고 그 선택의 결과가 결국 당신의 품격이 된다.

문해력을 극도로 단련시키는
마음의 태도

⚘

문해력은 단순히 글을 읽고 해석하는 능력만이 아니다. 그 건 지성인이라면 누구나 갖춰야 할 기본기일 뿐이다. 진짜 문해력은 보고, 듣고, 느끼면서 스스로 깨달음을 만들어 내는 힘이다. "이건 이래서 이런 거야."라는 누군가의 설명이 아니라 '아, 이건 이래서 이렇구나.'라는 나만의 깨달음을 얻을 수 있을 때 비로소 문해력은 나의 것이 된다. 그건 단순히 문장을 해석하는 기술이 아니라 세상을 입체적으로 바라보는 태도다. 세상은 언제나 해석을 요구한다. 어떤 시선으로 세상을 보느냐에 따라 같은 풍경도 전혀 다르게 다가오기 마련이니까. 그래서

6. 내 언어의 한계는 내 세계의 한계다

문해력이 깊은 사람은 세상을 비판하기보다 이해하려 하고, 판단하기보다 발견하려 한다. 문해력을 단련하려면 다음의 태도를 기억해야 한다.

1. 높은 곳에서 볼 때와 낮은 곳에서 볼 때는 전혀 다르다.
2. 무엇을 보느냐보다, 어떻게 보느냐가 더 중요하다.
3. 세상에는 절대적으로 옳은 의견이 존재하지 않는다.
4. 무엇이 더 옳다고 말하기보다, 왜 그렇게 생각하는지 들어 보라.
5. 세상은 옳고 그름이 아니라 서로 다른 가치로 이루어져 있다.
6. 세상은 보는 만큼 넓어진다.
7. 나는 언제나 '보는 사람'이다.

문해력을 높인다는 것은 결국 '보는 법'을 배우는 일이다. 많이 아는 사람은 잠시 현명하지만 깊이 보는 사람은 오래도록 현명하다. 아는 만큼 볼 수 있고, 본 만큼 알 수 있다. 그러니 지금부터는 제대로 보는 연습을 하자. 눈으로만 보지 말고 마음으로 바라보자. 글자 속에 숨어 있는 사람의 의도, 표정 속에

숨겨진 사정, 침묵 속에 담긴 온도를 응시하라. 세상의 모든 귀한 가치는 그것을 발견할 줄 아는 사람의 몫이다. 그러니 아직 발견하지 못한 당신만의 '두 번째 눈'을 다시 떠라. 진짜 문해력은 그 눈을 뜨는 순간부터 자라기 시작한다.

6. 내 언어의 한계는 내 세계의 한계다

내 언어의 한계는
내 세계의 한계다

언어는 세상을 보는 렌즈다. 풍성한 언어를 가진 사람은 세상을 다채롭게 본다. 같은 풍경을 봐도 더 많은 빛깔을 발견하고, 같은 사람을 만나도 더 깊은 마음을 읽는다. 언어가 깊은 사람은 하루가 다르게 성장한다. 똑같은 길을 걸어도 새로운 의미를 찾아내고, 평범한 일상에서도 깨달음의 단서를 발견한다. 세상이 지루하고 단조롭게만 느껴진다면 그건 세상의 잘못이 아니라 내 언어의 한계일지도 모른다. 언어가 빈약하면 감각이 무뎌지고, 감각이 무뎌지면 삶의 반경도 좁아진다.

1. 어휘력의 수준이 곧 삶의 수준이다.

2. 어른이나 아이나 모두 언어의 품격으로 성장한다.

3. 단순히 책을 많이 읽는다고 모든 게 해결되지는 않는다.

4. 반드시 알아야 할 어휘를 '제대로' 알아야 한다.

5. 단어는 '외우는 것'이 아니라 '쓰는 것'으로 완성된다.

6. 좋은 문장을 가까이 두면 마음의 결이 달라진다.

7. 언어를 단단하게 만드는 최고의 습관은 필사다.

언어는 세상을 감각하는 방식이자, 내 삶의 높이를 결정짓는 뿌리다. 음식을 깊이 즐길 수 있는 사람은 맛의 언어를 알고 있는 사람이다. 음악을 풍성하게 들을 수 있는 사람은 그 소리를 표현할 언어를 지닌 사람이다. 결국 우리는 표현할 수 있는 만큼 느끼고, 느낄 수 있는 만큼 성장한다. 하루 한 줄이라도 좋다. 좋은 문장을 손끝으로 옮기며 내 마음의 문장을 새롭게 써 내려가자. 나를 바꾸는 힘은 언제나 말에서 시작되기 마련이니까. 그러니 오늘도 한 문장을 써라. 그리고 다짐하라. 이제 나의 언어로 나의 세계를 만들며 비상할 것이라고.

전문성을 키우려면
지워야 할 유해한 말들

꩜

전문가는 한 분야에 대해 많이 아는 사람만을 의미하지 않는다. 그는 자신의 일을 깊이 사랑하며 오래 파고든 사람이다. 지식으로 아는 것과 사랑으로 깨닫는 것은 전혀 다르다. 사랑의 시선으로 바라보면 같은 장면에서도 새로운 의미와 배움을 발견할 수 있다. 그러나 이런 성장을 막는 말들이 있다. 이 말들은 우리 마음에 은밀하게 들어와 감각을 무디게 만들고 생각의 근육을 약하게 만든다.

1. 사람들이 다 이게 맞다고 하민네.

2. 책에선 그렇게 말하지 않아.

3. 다 그런 건 아니지.

4. 별거 없어, 그게 그거지 뭐.

5. 예민하게 굴지 마.

6. 이게 나의 최선이야.

7. 적당히 하자, 좋은 게 좋은 거야.

이 말들의 공통점은 '멈춤'이다. 탐구를 멈추고, 시도를 멈추고, 스스로 가능성을 멈추게 한다. 하지만 전문가는 멈추지 않는다. 같은 상황에서도 끝없이 다시 보고, 묻고, 배운다. 전문성을 키우고 싶다면 모든 것을 가능한 눈으로 세상을 보라. 불가능하다고 단정하는 순간 내 세계의 천장은 낮아진다. 타인의 기준에 나를 가두지 말고 생각을 자꾸 움직이게 하라. 사랑으로 관찰하고, 열정으로 실험하라. 전문성은 매일 같은 것을 새롭게 바라보는 훈련에서 자란다. 그러니 마음의 언어에서 유해한 말들을 지우고 가능성과 사랑의 말을 채워라.

말과 글의 수준을 높이는
7가지 조언

언어는 곧 그 사람의 수준을 보여 준다. 생각이 깊은 사람은 말이 단단하고, 마음이 단단한 사람은 글이 흔들리지 않는다. 우리가 매일 쓰는 말 한마디, 글 한 문장은 우리 마음의 집을 세우는 벽돌이 된다. 말과 글의 수준을 높인다는 건 그저 세련된 단어만을 익히는 게 아니다. 그건 세상을 대하는 태도를 새로 세우는 일이다. 그 태도를 일으켜 세울 7가지 문장을 마음에 새겨 보자.

1. 우리는 두려움에 떨기 위해 태어난 존재가 아니다.

가슴이 떨리는 일을 시작하기 위해 태어났으니 언어도 조금 더 대범해져야 한다. 말이 편협하면 마음도 작아진다.

2. 과정은 언제나 달팽이처럼 느릿느릿 흘러간다.

조급한 마음으로 중간에 멈추면 선물처럼 주어지는 결과의 순간을 절대 만날 수 없다. 꾸준함이 곧 품격이다.

3. 상대의 어리석음을 증명하려 애쓰지 마라.

그가 스스로 말하게 두면 세상은 자연스럽게 그 사람의 깊이를 알아본다. 진짜 현명함은 침묵 속에서 드러난다.

4. '왜 나만 힘들까?'라는 질문을 버려라.

대신 '이 상황을 어떻게 활용할까?'라는 질문을 품어라. 질문의 방향이 바뀌면 인생의 해석이 달라진다.

5. 상처를 치유하려면 먼저 정면으로 바라보아야 한다.

상처를 피하면 그 자리에서 곪는다. 내 수준을 정확히 직면하는 용기가 어떤 성장보다 값지다.

6. 분노는 언제나 자기 수준을 낮춘다.

갑자기 격노하거나 비난하지 말라. 진짜 고수는 침착하게 분노를 다스릴 줄 안다.

7. 늘 가장 못되게 반응하는 사람들이 있다.

그들은 자기만 생각하는 이기주의자들이다. 그런 사람들과 상종하면 내 품격도 같이 낮아진다. 내 언어의 품격이 내 삶의 높이를 결정한다.

내 말과 글은 결국 내 마음의 온도다. 뜨겁지만 단정하게, 단정하지만 따뜻한 온도가 바로 당신의 품격이 된다. 세련된 단어보다 단단한 태도로, 멋진 문장보다 바른 방향으로 말하라. 그 순간 당신의 언어는 격이 높아지고, 삶은 그 언어를 따라 자연스레 더 나은 자리로 옮겨 간다.

7

인생은 혼자가 되는 법을 배우는
아주 긴 여행이다

: 자립 :

할지 말지 주변에
의견을 묻지 마라

왜 나이 들수록 후회가 많아질까? 이유는 단 하나다. 가장 중요한 선택을 남에게 맡겼기 때문이다. 살다 보면 종종 묻게 된다.

"이걸 하는 게 맞을까?"

"다들 뭐라 그럴까?"

그렇게 질문하는 순간 인생의 운전대는 이미 타인의 손에 넘어간다. 인생은 선택의 연속이고 그 선택을 통해서 '나'라는 세계가 완성된다. 내가 아닌 누군가의 기준으로 선택을 했다면 그건 더 이상 나만의 인생이라 부를 수 없다. 진짜 후회는 실패에서 오는 게 아니라 제대로 결정하지 못한 채 머뭇거린 시간에서 온다.

1. 왜 중요한 결정을 타인에게 맡기는가?
2. 타인에게 의지한 투자는 대부분 실패한다.
3. 내 안에서 외치는 소리를 들어라.
4. 내가 시작해야 내가 끝낼 수도 있다.
5. 시작과 끝에 늘 내가 있어야 한다.
6. 식사 메뉴 하나까지도 스스로 결정하라.
7. 내가 선택해야 실패에서도 무언가를 배울 수 있다.

타인의 의견을 듣는 건 좋다. 하지만 결정은 반드시 내가 해야 한다. 남의 말은 참고가 될 수 있다. 하지만 무분별하게 그 말을 따르는 순간 주인공 자리를 넘겨주어야 한다. 인생의 책임을 누구도 대신 져 줄 수 없다. 그러니 지금부터는 주변의 소음보다 내 안의 목소리에 귀 기울여라. 그 소리가 두렵고 작게 느껴질수록 그게 진짜 나의 방향임을 의심하지 마라. 타인의 판단 속에서 안전하게 사느라 인생을 잃어버리지 마라. 모든 결정은 불안하고, 모든 시작은 두렵게 마련이다. 그 속에서 용기 있게 나의 길을 선택하는 순간 비로소 인생은 '내 것'이 된다. 그 한 걸음을 '나답게' 내디딘 순간 그 발걸음은 이미 당신을 더 단단한 내일로 데려갈 것이다.

인생은 혼자가 되는 법을 배우는
아주 긴 여행이다

╰ֆ╮

혼자 서는 법을 모르는 사람은 자신도 모르게 자꾸 남에게 기대고, 누군가의 시선에 매달린 채로 살아간다. 어른이 된다는 건 결국 혼자 서야 한다는 의미와 같다. 나이만 먹었을 뿐 여전히 혼자 서 있지 못하는 사람은 끝내 더 외로운 인생을 살게 된다. 자신을 지키기 위해 끊임없이 타인의 인정과 사랑을 구해야 하기 때문이다. 진짜 어른은 혼자 있어도 무너지지 않는다. 혼자 있는 시간 속에서 자신을 다독이고, 그 고요 속에서 자신을 다시 세운다.

1. 혼자가 될 수 없다면 성장할 수도 없다.

2. 가장 중요한 결정은 언제나 내가 해야 한다.

3. 혼자서 해낸 일은 진짜 경험으로 쌓인다.

4. 독서, 글쓰기, 사색으로 나만의 일상을 채워라.

5. 누군가에게 힘이 되려면 강한 내가 되어야 한다.

6. 나를 배신하고 속이는 건 언제나 나 자신이다.

7. 자신을 믿고 사랑하면 그 시간이 나를 지켜 준다.

이기적으로 살라는 뜻이 아니다. 세상과 사람을 진심으로 사랑하는 사람일수록 혼자만의 시간을 통해 자신을 단단히 가다듬을 줄 안다. 소중한 사람을 지키려면 먼저 내가 단단해야 하니까. 타인을 품기 위해서는 나를 온전히 품어야 한다는 단순한 진실이 그 안에 있다. 혼자 있는 시간은 내면의 도서관이 조용히 열리는 시간이다. 그곳에서 우리는 자신에 대해 다시 배우고, 세상에 휘둘리지 않는 법을 익힌다.

지금부터라도 '나'라는 이름의 영혼을 탐구하라. 혼자인 나를 믿고, 혼자인 나를 사랑하라. 세상의 소음이 모두 사라진 고요 속에서 당신은 결국 깨닫게 될 것이다. 인생은 혼자가 되는

법을 배우는 아주 긴 여행이라는 것을. 그리고 그 고요가 깊어

질수록 당신의 세상도 조용히 넓어진다는 것을.

마흔 이후 잘 사는 사람들은
이것을 늘리며 산다

나이만 든다고 인생이 저절로 깊어지는 건 아니다. 어떤 마흔은 먼지처럼 가볍고, 어떤 마흔은 호수처럼 깊다. 둘의 차이는 단 하나, 혼자 있는 시간을 어떻게 쓰느냐에 달려 있다. 마흔 이후 인생이 깊어지는 사람들은 혼자 있는 시간을 반가운 친구처럼 맞이한다. 그들은 혼자만의 시간을 공허하게 비워 두지 않는다. 책을 읽고, 사색하며, 필사로 마음을 단련한다. 질문 하나를 오래 붙잡고 있는 사람들은 세상에 휘둘리기보다 질문이 열어 주는 세계 속에서 산다. 그 질문이 인생을 깊게 만들고, 그 깊이가 다시 혼자만의 시간을 너 농밀하게 만든다.

1. 나 자신과 대화하는 시간

2. 공복을 유지한 시간과 횟수

3. 다정하게 말하는 빈도

4. 사람들의 장점을 발견해서 칭찬하기

5. 글을 쓰기 위해 생각하는 시간

6. 인터넷 검색이 아닌 내면의 탐색

7. 소중한 사람들에게 고마운 마음 표현하기

이 7가지는 '혼자 있음'의 연습이자, '성숙함'의 실질적인 증거다. 자신과 대화하며 하루를 쌓고, 내면의 탐색으로 방향을 정하며, 다정한 언어로 세상과 이어질 때 비로소 인생은 깊어진다. 좋은 건 늘리고, 나쁜 건 줄이는 일상. 그 단순한 원리를 지켜 가는 사람이야말로 마흔 이후 기적처럼 자신을 다시 만나게 된다. 그리고 그때 깨닫는다. 진짜 인생의 무게는 나이를 더하는 데 있지 않고 혼자 있는 시간을 얼마나 깊게 사랑하느냐에 달려 있다는 사실을.

7. 인생은 혼자가 되는 법을 배우는 아주 긴 여행이다

서툰 배려보다는
냉정한 거절이 낫다

ᘒ

거절해야 하는 상황이지만 끝내 말을 꺼내지 못하고 머뭇거리는 사람들이 있다. 거절이 관계의 끝이라고 생각하기 때문이다. 우리는 자주 착각한다. 거절은 상대를 부정하는 일이라고, 냉정한 말은 상처를 남긴다고. 하지만 진짜 상처는 해야 할 말을 삼킨 채 자신을 속이며 사는 데서 생긴다. 배려는 따뜻함이 아니라 적절한 균형에서 나온다. 내 마음이 평온해야 그 따뜻함은 진심이 된다. 내가 무너진 배려는 결국 누구에게도 가닿지 않는다.

1. 배려할 때는 내 마음이 편해야 한다.

2. 날 속이고 베푼 배려는 내게 독이 된다.

3. 서툰 배려보다 오히려 냉정한 거절이 낫다.

4. 내 마음의 소리가 가장 중요하다.

5. 거절할 용기를 내고 두려움을 이겨 내라.

6. 현실은 배려보다는 거절할 일이 더 많다.

7. 서로 웃을 수 있을 때 배려는 빛을 발한다.

거절은 관계를 정직하게 만든다. 배려는 관계를 이어 주는 다리가 되고, 거절은 그 다리가 무너지지 않게 지탱하는 기둥이 된다. 현명한 어른은 '좋은 사람'이 되기보다 '좋은 관계'가 되기를 선택한다. 그리고 좋은 관계는 언제나 정직한 거절 위에 세워진다. 누군가의 부탁을 거절할 때 그 사람의 마음이 아니라 나의 진심을 지켜라. 그건 냉정함이 아니라 나를 사랑할 줄 아는 사람의 품격이다.

이런 사람과 얽히면
인생이 피곤해진다

인간관계는 나만 좋은 사람으로 산다고 잘되는 게 아니다. 관계의 질은 모두를 위한 선의보다 누구와 어떻게 연결되어 있느냐가 훨씬 더 결정적이다. 어떤 사람과는 얽히면 인생이 급격히 피곤해진다. 처음엔 괜찮아 보여도 가까워질수록 마음의 공간을 점점 빼앗아 간다. 그들을 구분하는 기준은 간단하다. 함께 있으면 내 마음이 편해지는가. 아니면 불편해지는가.

1. 실패할 때만 나타나서 조언하는 사람
2. 사소한 것 하나도 예민하게 시석하는 사림

3. 같은 반응도 꼭 못되게 하는 사람

4. 늘 신경을 곤두세우며 평가하는 사람

5. 공감 능력과 센스가 없는 사람

6. 불가능하다고 단정하고 일을 시작하는 사람

7. 자신은 천사, 타인은 악마라고 생각하는 사람

위 문장들을 읽기만 해도 어딘가 가슴이 답답해진다면 그건 다 이유가 있다. 살면서 그런 사람을 이미 여러 번 만나 봤기 때문이다. 그들과의 대화는 에너지를 소모시키고 결국 나까지 날카로워지게 만든다. 아무리 오래된 인연이라도 평온을 망가뜨리는 관계는 결국 내 인생을 해친다. 그들과 냉정하게 거리를 두는 건 비정함이 아니라 스스로 품격을 지키는 자기존중이다. 좋은 관계는 서로의 삶을 유연하게 만들고, 나쁜 관계는 삶을 불안하게 흔든다. 이 둘을 구분할 줄 아는 사람이 끝내 자기 마음을 지켜 낸다. 기억하라. 내 인생을 피곤하게 만드는 건 타인이 아니라 그들을 계속 허락하는 나의 미련이라는 것을.

7. 인생은 혼자가 되는 법을 배우는 아주 긴 여행이다

나는 알고리즘의 비밀을
알고 싶지 않다

선배들이 걸어간 길을 참고하고 반면교사로 삼는 건 현명한 일이다. 그들의 흔적은 시행착오를 줄여 주고, 조금 더 효율적으로 앞으로 나아가게 돕는다. 하지만 알고리즘은 다르다. 그건 방향이 아니라 환상에 가깝다. 사람들은 자신이 올린 글이나 영상의 반응이 줄면 가장 먼저 이렇게 생각한다.

'알고리즘이 달라졌나?'

그 질문은 종종 자신의 노력과 집중이 흐트러졌다는 사실을 회피하고자 만든 핑계일 때가 많다.

1. 나는 알고리즘의 힘을 거부한다.

2. 천천히 내가 키운 만큼만 나아가고 싶다.

3. 내가 노력한 시간을 나는 알고 있다.

4. 내 마음과 같은 결을 가진 사람이 가장 소중하다.

5. 능력 이상의 행운을 바라기만 하면 인생을 망친다.

6. 노력 이상의 성과는 스스로 거부해야 한다.

7. 내가 걸어간 만큼만 알 수 있다.

세상엔 알고리즘이라는 것이 존재하지만, 그보다 더 정확하게 나를 이끄는 것은 양심의 방향이다. 내가 얼마나 성실했는지, 얼마나 진심으로 쌓아 왔는지 아는 건 세상의 시스템이 아니라 나 자신이다. 준비되지 않은 상태에서 알고리즘의 파도에 올라타면 잠시 화려하게 떠오를 수 있을지 몰라도 곧 방향을 잃고 휩쓸려 내려온다. 그때 잃는 건 조회 수가 아니라 자기 자신이다. 나는 알고리즘의 원리를 믿지 않는다. 대신 내가 쌓은 시간이 진실이라고 믿는다. 불특정 다수의 인위적인 추천보다 하루하루 정직하게 쌓아 올린 노력의 흐름이 결국엔 더 멀리 간다. 그래서 오늘도 이렇게 다짐한다.

"내가 걸어간 속도만큼 딱 그만큼이면 충분하다."

세상에 조급히 끌려가지 말고, 내 속도로, 내 리듬으로 오래도록 견고한 나를 만들어 가자.

남에게 맞춰 주지 않는 사람이
잘되는 이유

어른의 삶이란 자립의 또 다른 이름이다. 진짜 어른은 남의 기분에 맞춰 살지 않는다.

어른은 자신이 가야 할 방향을 알고 그 길 위에서 외롭지 않다. 타인에게 기대면 눈빛 하나에도 하루의 감정이 흔들린다. 맞춰 주는 삶을 반복하다 보면 어느새 나라는 중심이 사라진다. 그때부터는 타인의 기대가 내 삶을 움직인다.

1. 남에게 맞추지 않는 건 결코 나쁜 게 아니다.
2. 오히려 자신의 철학과 기준이 있다는 증거다.

3. 자신의 철학이 없는 사람은 불안한 감정을 느낀다.

4. 그래서 결국 남에게 맞춰 주며 살게 된다.

5. 철학이 있는 사람들은 자신이 좋아하는 일을 한다.

6. 결국 맞춰 주지 않는 게 아니라 맞춰 줄 필요가 없는 것이다.

7. 시간 낭비 없이 자신에게 집중하니 더 잘될 수밖에 없다.

사람들은 종종 착각한다. 남에게 맞추지 않으면 이기적이라고. 하지만 진짜 이기적인 건 자신을 잃어 가며 타인에게 모든 책임을 떠넘기는 일이다. 남에게 맞춰 살면 삶은 불안정해지고, 감정은 남의 말 한마디에 흔들린다. 이제는 나만의 리듬을 되찾아야 한다.

"나는 더 이상 남의 리듬에 맞춰 살지 않는다. 나는 나의 박자를 따른다."

이 선언이 삶의 중심을 바로 세운다.

인생을 즐길 줄 아는
사람들의 말버릇

인생은 수많은 만남의 연속이다. 그중에서도 가장 중요한 만남은 세상 누구도 아닌 나 자신과의 조우다. 인생을 즐기는 사람은 먼저 자기 자신을 제대로 만난 사람이다. 자신을 믿고, 응원하고, 가장 따뜻한 말을 건넬 줄 아는 사람. 그 사람만이 인생이라는 여행의 기쁨을 즐길 수 있다.

1. 난 할 수 있어, 내가 그렇게 믿으니까.

2. 기대된다, 오늘도 또 어떤 일이 날 기다릴까.

3. 마침 잘 됐네, 오히려 아주 좋아.

4. 한번 해 보자, 잘될 가능성이 더 높아.

5. 나는 행운이 따르는 사람이야.

6. 느낌이 아주 좋아, 이대로 가면 되겠어.

7. 좋아, 오늘은 이것부터 해 보자.

인생을 즐길 줄 아는 사람은 세상과 경쟁하지 않는다. 그는 오로지 어제의 자신과 대화한다. 이기려고 달리지 않고 즐기면서 걸으니 쉽게 지치지도 않는다. 인생은 그런 사람에게 미소 짓는다. 조급해하지 않고, 스스로를 믿는 사람. 인생이란 자신을 즐겁게 대하는 자에게만 그 즐거움을 허락하는 법이니까. 그러니 오늘의 나에게 이렇게 속삭여라.

"기대된다. 오늘은 또 어떤 기적이 나를 기다리고 있을까."

그 한마디로 하루가 달라지고, 그 하루들이 모여 인생이 반짝이기 시작한다.

인생을 단단하게 만드는
최소한의 공격성

인생을 지탱하는 힘은 생각보다 단순하다. 조용한 사람도, 강한 사람도 결국은 자신을 지킬 줄 아는 사람이 부러지지 않는다. 목표가 분명한 사람은 쉽게 물러서지 않는다. 그는 왜 이 길을 가야 하는지 알고 있고, 무엇을 잃지 말아야 하는지도 알고 있다. 그렇기에 부드러움 속에서도 단단함을 잃지 않는다. 공격성 역시 그렇다. 모든 생각과 말에 다 공감할 필요는 없다. 다르게 느낀다면 예의 있게, 그러나 분명하게 말해야 한다. 그 한 걸음이 당신의 품격을 만든다.

7. 인생은 혼자가 되는 법을 배우는 아주 긴 여행이다

1. 어떤 상황에서든 생각을 분명히 표현하라.

2. "그런 것 같아!"가 아닌, "맞아!", "아니야!"로 말하자.

3. 예민하게 굴라는 게 아니라 섬세하라는 거다.

4. 위축되면 나만 손해를 보니 늘 당당하라.

5. 지나치게 겸손하지 말라.

6. 공격하라는 게 아니라 자신을 지키라는 의미다.

7. 거절해야 할 때는 자신을 중심에 두고 판단하라.

공격성은 누군가를 겨누는 칼이 아니라 내 삶을 지키는 방패여야 한다. 처음엔 낯설고 불편할 수 있지만 그건 나빠지는 과정이 아니라 단단해지는 과정이다. 당신이 자신의 시간을 지키지 못하면 세상은 그 시간을 아무렇지 않게 빼앗아 간다. 부드럽되, 쉽게 무너지지 않는 사람이 되어야 한다. 그게 바로 인생을 단단하게 만드는 최소한의 공격성이다.

잘나갈 땐 최대한
혼자 지내야 하는 이유

우리 삶에도 저마다의 계절이 있다. 아무리 애써도 안 되는 황량한 계절이 있고, 무엇을 해도 술술 풀리는 풍성한 계절이 있다. 이 두 시기는 서로를 이해하지 못한다. 되는 일이 없는 사람은 세상을 부정적으로만 보고, 되는 일이 많은 사람은 모든 걸 긍정적으로 본다. 그래서 둘이 만나면 대화는 엇박이 된다. 심지어 아무리 말을 아껴도 잘되는 쪽의 말은 언제나 자랑처럼 들린다.

1. 아무리 말을 조심해도 잘나갈 때는 그저 자랑처럼 들린다.

　　　　7. 인생은 혼자가 되는 법을 배우는 아주 긴 여행이다

2. 숨만 쉬며 살아도 온갖 소문이 난다.

3. 질투를 작정한 사람은 상상보다 집요하다.

4. 자기 덕분에 당신이 잘되었다고 생각한다.

5. 당신이 가진 것들을 자꾸 나누자고 강요한다.

6. 나누지 않으면 근거 없는 공격을 시작한다.

7. 놀랍게도 많은 사람이 그렇게 생각한다.

되는 일이 없을 때도 인생은 외롭지만 뭐든 잘될 때도 또 다른 외로움이 기다리고 있다. 그건 내 안의 고요가 필요해서 찾아오는 고독이다. 사람을 만나면 마음이 복잡해지고 설명할수록 오해가 깊어진다. 그럴 때는 차라리 침묵이 낫다. 성공의 시기일수록 말은 줄이고 혼자 머무는 시간을 길게 가져야 한다. 세상은 당신이 잘될 때 함께 축하하지 않는다. 대부분은 의심하거나, 질투하거나, 자신의 불운과 비교하느라 바쁘다. 그러니 잘나갈 땐 혼자 지내라. 그 고요한 시간 동안 당신의 마음은 더 단단해지고 성공의 계절은 더 오래 지속될 것이다.

8

평생 나를 데리고
근사하게 사는 법

: 품위 :

곧 모든 게 술술 풀릴 사람은
이 고통을 겪게 된다

∽

"나는 언제쯤 실력을 인정받아 책을 낼 수 있을까?"

"나는 언제쯤 10만 명의 팔로워를 모을 수 있을까?"

많은 사람들에게 받는 질문이다. 나는 그때마다 대답한다. 그저 묵묵히 오늘의 글을 쓰라고. 나 역시 하루하루 별 의미 없어 보이는 일상을 성실히 쌓아 올렸을 뿐이다. 꾸준히 하다 보니 어느새 나는 130권의 책을 낸 작가가 되었고, 수많은 독자와 함께 인생을 즐길 수 있는 사람이 되었다. 그건 우연이 아니라 비가 오나 눈이 오나 멈추지 않았기 때문에 가능했던 일이다. 사람들은 놀라지만 나는 놀라지 않는다. 결국에는 만나게 되어 있는 것들이었으니까. 물론 그 여정은 고통스러웠다. 성공이 가까워질수록 세상은 이상하리만큼 나를 시험했다. 바로 그때가 인생이 술술 풀리기 직전의 신호였다.

1. 고통과 슬픔의 절정을 치닫는다.
2. 점점 관계의 폭이 좁아진다.
3. 같은 실수를 반복하게 된다.
4. 실패를 바라보는 기준이 달라진다.
5. 가장 믿었던 사람에게 배신을 당한다.
6. 혼자서 깊은 외로움의 시간을 보내고 있다.
7. 지루하게 느껴지는 하루를 반복하고 있다.

이 신호들이 찾아오면 멈추지 말아야 한다. 그건 끝이 아니라 시작 직전의 진통에 불과하니까. 숫자에 집착하면 숫자에 갇히고, 결과에 매달리면 결과로부터 버려진다. 하지만 오늘 해야 할 일을 묵묵히 하다 보면 세상은 결국 당신을 찾는다. 물론 행운은 순서대로 오지 않는다. 1에서 2로, 3에서 4로 가지 않고, 1에서 바로 7이 되기도 하고, 돌고 돌아 전혀 예상치 못한 순간에 3이 되어 찾아오기도 한다. 그러니 흔들리지 마라. 지금의 고통은 결국 당신이 곧 만나게 될 기적의 예고편일 뿐이니까. 가장 깊은 고통을 통과한 사람만이 술술 풀리는 인생의 문 앞에 선다.

마흔 이후 독서가 더
절실하게 필요한 이유

෴

세상에서 가장 알기 어려운 존재는 누구일까. 타인의 마음
일까, 다가올 미래일까. 타인의 마음은 멀어서 어렵고, 다가올
미래는 안개 같아 붙잡을 수 없어서 알 수 없다. 하지만 가장
알기 힘든 건 언제나 나 자신이다. 늘 곁에 있으면서 가장 자주
놓치고, 가장 많이 바라보면서도 가장 적게 이해한다. 사람들
은 자신을 잘 안다고 믿지만 대부분 '되고 싶은 나'와 '그랬으
면 좋겠는 나'를 '현실의 나'와 착각한 채 살아간다. 그래서 평
생을 헤매며 자신을 찾기만 한다. 마흔 이후의 독서는 바로 그
착각에서 깨어나는 일이다. 타인을 이해하기 위해서가 아니라

8. 평생 나를 데리고 근사하게 사는 법

진짜 나를 알아보기 위해 다시 책을 펼치는 일이다.

1. 혼자 있는 시간을 자신에게 선물할 수 있다.
2. 내가 틀릴 수 있다는 생각을 한다.
3. 암기로만 저장했던 지식을 스스로 깨우칠 수 있다.
4. 앞으로 무엇을 해야 하는지 알게 된다.
5. 낭독과 필사의 가치를 깨닫고 실천하게 된다.
6. 내게 주어진 모든 게 선물이라는 사실에 감사하게 된다.
7. 내 안에 있는 다채로운 빛을 꺼낼 수 있게 된다.

책을 읽는 사람과 읽지 않는 사람의 차이는 삶을 대하는 시선의 높이에서 드러난다. 수준이 낮은 사람은 세상의 허물만 보고 비난하지만, 수준이 높은 사람은 세상의 아름다움에 감탄한다.

그 이유는 단 하나, 자신을 제대로 알고 있기 때문이다. 나를 모르면 세상은 늘 나를 시험하지만, 나를 알면 세상은 결국 나를 돕는다. 그 깨달음의 문을 열어 주는 열쇠가 바로 독서다. 마흔 이후의 독서는 늦은 공부가 아니라 이제야 비로소 사신에게로 돌아가는, 늦었지만 가장 빠른 지름길이다. 지금부터 다시 시작하라. 당신의 인생을 이해해 줄 유일한 언어가 당신을 기다리고 있다.

아군의 식량 없이도 승리를 확신한
나폴레옹의 생각법

∿

진짜 강한 사람은 위기 속에서 떠올리는 생각의 발상부터 남다르다. 나폴레옹은 이런 말을 남겼다.

"우리 부대가 적군에게 포위되어 있다 해도, 적군에게 아직 식량이 남아 있다면 아무 문제가 없다."

보통의 장수라면 '우리 군의 식량이 얼마나 남았는가'를 먼저 걱정한다. 그러나 그는 완전히 반대로 생각했다.

"적에게 식량이 있다면 그건 곧 우리가 이길 이유가 된다."

이 말은 단순한 자신감이 아니라 세상을 바라보는 구조의 차이를 보여 준다. 대부분 상황이 불리하면 세상을 닷힌다. "경기가 나빠서", "요즘 시장이 어려워서", "운이 없어서." 하지만 나폴레옹은 그런 태도와 상반된 사람이었다. 그는 언제나 이렇게 말했다.

"지금 가진 것이 부족하다는 이유로 포기할 수는 없다."

1. 당신은 생각보다 잘하고 있다.
2. 생각보다 열심히 하는 사람은 정말 드물다.
3. 꾸준히만 해도 상위 10% 안에 들어간다.
4. 너처럼 다정한 사람 흔치 않다.
5. 세상에 특별히 뛰어난 사람은 거의 없다.
6. 이 글을 읽고 있다면 당신은 이미 잘되고 있다.
7. 너무 어렵게 생각하지 말고 조금 더 편안하게 하자.

희망은 찾아내는 자의 몫이다. 지금의 현실이 아무리 무거워도 그 안에서 여전히 배울 수 있다면 삶은 다른 방향으로 움직이기 시작한다. 나폴레옹을 두고 평가는 엇갈린다. 그러나 한 가지는 분명하다. 언제나 그는 '없는 것'이 아니라 '있는 것'을 기준으로 생각했다. 우리도 그렇게 살면 된다. 불황이라서, 관

8. 평생 나를 데리고 근사하게 사는 법

계가 힘들어서, 여건이 안 돼서 멈추는 게 아니라 그 안에서도 무언가를 배울 수 있다는 확신을 놓지 않는 것이 중요하다. 나쁜 것을 찾아 비난하는 데 인생을 쓰지 말고 좋은 것을 찾아 배우는 데 시간을 써라. 그 태도 하나면 당신은 이미 이기고 있다.

너무 많은 걸 이해하려고
하지 마라

인간관계의 피로는 대부분 상대를 너무 깊이 이해하려는 욕심에서 비롯된다. 하지만 꼭 기억하라. 상대가 내게 보여 준 만큼이 그가 가진 전부다. 그가 보낸 메시지, 그가 건넨 말, 그가 내민 손길. 그 이상은 그의 세계에 존재하지 않는다.

"마음으로는 늘 연락하려고 했어."

"언제나 응원하고 있었어."

그 말에 담긴 감정은 미안함이지 사랑이 아니다. 감정이 진짜라면 반드시 어떤 방식으로든 표현되기 때문이다. 표현되지 않은 감정은 존재하지 않은 감정과 같다.

8. 평생 나를 데리고 근사하게 사는 법

1. 누구든 모든 걸 다 이해할 수는 없다.

2. 내가 아프면서까지 상대를 이해할 필요는 없다.

3. 내 마음이 편안한 수준에서 멈추는 게 좋다.

4. '이해'가 '고통'이 되게 하지 마라.

5. 시간이 지나면 저절로 이해되는 순간이 온다.

6. '억지 이해'는 '거짓 이해'와 같다.

7. 이해하지 못한다고 사랑하지 않는 건 아니다.

상대가 이해를 호소해도 그를 완전히 이해하지 못하는 자신을 미워하지 말라. 그건 냉정함이 아니라 정직함이니까. 그의 행동이 말보다 느리게 따라오는 것은 그의 몫이지 나의 책임이 아니다. 때로는 이해보다 거리가, 사랑보다 침묵이 관계를 더 건강하게 만든다. 다 이해하지 못해도 괜찮다. 사랑하지 않아서가 아니라 내 마음을 잃지 않기 위해 멈춘 것뿐이니까. 봄이 오면 얼은 땅이 녹듯 이해도 때가 되면 서서히 스며든다. 그러니 서두르지 말자. 억지로 이해하려 하지 말고 그저 오늘의 나를 다치지 않게 지키면 된다.

언제, 어디에서든 사랑 안에서 사는
사람들의 말버릇

"이상하게 저 사람만 만나면 괜시리 마음이 편해져."

그들과 대화를 나누는 것만으로도 마음이 맑아지고, 말 한 마디가 향기처럼 퍼져 삶의 공기를 부드럽게 바꾼다. 그들은 특별한 능력을 가진 게 아니다. 단지 사랑 안에서 말하는 법을 알 뿐이다.

1. 남들이 소문처럼 하는 이야기 말고 우리 이야기하자.

2. 넌 참 사랑스러운 사람이야.

3. 내가 나아지면 주변도 나아져.

8. 평생 나를 데리고 근사하게 사는 법

4. 사소한 것 하나하나가 다 감사해.

5. 늦지 않아, 지금 시작해도 충분해.

6. 너랑 대화하면 나까지 지혜로워지는 것 같아.

7. 이제 우리 앞으로 자주 보자.

이런 말을 건네는 사람 곁에 있으면 우울한 날조차 인생이 조금은 덜 외롭다. 단순한 위로가 아니라 세상을 사랑하는 태도 그 자체를 전하기 때문이다. 누군가 내게 이런 말을 해 준다면 그날은 이미 충만한 날이다. 듣기만 해도 마음이 예뻐지고 그 따뜻함이 다시 또 다른 사람에게 옮겨 간다. 좋은 말은 관계를, 인생을, 운명을 바꾼다. 당신이 그런 말을 건네는 사람이 될 수 있다면 세상은 조금 더 따뜻해질 것이다. 삶은 결국 인연으로 엮이고, 인연은 결국 말로 이어지니까. 사랑 안에서 사는 사람은 오늘도 말 한마디로 세상을 밝힌다. 그의 입술에서 흘러나온 언어가 누군가의 하루를 조용히 빛나게 한다. 좋은 말은 마음을 억지로 밀어붙이지 않는다. 다만 아주 작은 숨결처럼 스미며 사람을 다시 일으킨다.

평생 나를 데리고
근사하게 사는 법

∽

노력은 아주 중요하다. 하지만 꾸준히 잘되고 싶다면 '모든 건 내 노력의 결과다.'라는 강박에서 벗어날 줄 알아야 한다. 품위 있는 사람들은 이렇게 말한다.

"나는 운이 좋아서 여기까지 왔어요."

그 말 속에는 겸손과 감사, 그리고 유연함이 있다. 노력은 누구나 하지만 행운은 그 노력 속에서 웃으며 기다릴 줄 아는 자에게만 찾아온다. 잠시 걸음을 멈추고 인생을 돌아보면 그제 야 이 단순한 진리가 얼마나 깊은 의미인지 깨닫게 된다.

"모든 게 내 덕분이라 여겼는데 사실은 운이 참 좋았던 거구나."

인생은 그 깨달음 이후로 더 근사해진다. 다음 7가지를 마음에 새기며 하루를 꾸준히 살아 내면 된다.

1. SNS에 글을 꾸준히 올려라. 좋아해 주는 구독자를 한 사람, 한 사람 만나며 관계를 쌓아라.
2. 돈을 모으는 것도 좋지만, 나를 위해 쓰는 돈이 진짜 내 돈임을 기억하라.
3. 나는 시간을 낭비하는 사람이 아니라 시간을 멋지게 활용하는 사람이라는 사실을 잊지 말라.
4. 매달 불가능해 보이는 일에 도전하는 과정에서 성장의 근육을 만들어라.
5. 매일 아침 가장 따뜻한 목소리로 나에게 "넌 정말 특별한 사람이야." 하고 말하라.
6. 인생이 힘들 때나 좋을 때 그 마음을 글로 남겨라.
7. 듣기만 해도 근사한 루틴 몇 가지를 정하고 매일 지켜라.

노력은 좋다. 다만 노력은 복권처럼 작동한다는 사실을 명

심해야 한다. 노력한다고 모두 당첨되는 건 아니지만 하지 않으면 그 가능성조차 없다. 해야 할 일은 단순하다. 웃으며 반복하면 된다. 즐겁게 꾸준히 움직이면 된다. 그렇게 반복하다 보면 어느 날 행운이 문을 두드릴 것이다. 그러니 겸손하라. 다시 웃으며 반복하라. 그게 바로 평생 나를 데리고 근사하게 사는 법이다.

늘 좋은 기분을 유지하는
7가지 방법

인생을 살다 보면 알게 된다. 결국 사람을 지탱하는 건 기분의 힘이라는 것을.

아무리 실력이 뛰어나도 기분이 흔들리면 집중이 흐트러지고, 결심이 약해지면 모든 가능성은 금세 무너진다. 누구나 알고 있다. 내게 힘이 되는 말을 더 집중해서 들어야 한다는 걸. 하지만 마음이 약해질수록 우리는 이상하게 나를 의심하게 만드는 말, 나를 작아지게 만드는 말에 더 귀를 기울인다. 이제 그 반대의 삶을 살아야 한다. 내 마음을 흔드는 말에는 귀를 닫고, 마음을 단단하게 만드는 일들에 귀를 열어야 한다. 다음 7

가지를 실천하며 하루하루 나의 기분을 스스로 지켜 보자.

1. 가장 중요한 일부터 마무리하기

   작은 성취 하나가 기분의 뿌리가 된다.

2. 나쁜 일이 생기면 글쓰기 소재로 활용하기

   불행을 언어로 바꾸면 그것은 더 이상 불행이 아니다.

3. '차분하다.', '평온하다.'라는 말을 자주 쓰기

   말은 곧 주문이 된다. 내가 쓰는 말이 나를 만든다.

4. 산책하며 좋아하는 음악 감상하기

   몸을 움직이면 마음의 먼지도 걷힌다.

5. 좋은 사람에게 메시지 보내기

   누군가에게 따뜻한 말 한마디를 건네면 그 온기가 되돌아
   온다.

6. 내게는 좋은 사람이 많다고 생각하기

   생각은 현실을 바꾼다. 감사는 기분의 근육을 키운다.

7. 희망적인 생각을 하며 잠들기

   잠들기 전 마지막 생각이 다음 날의 기분을 결정한다.

8. 평생 나를 데리고 근사하게 사는 법

기분이 좋을 때는 모든 것이 기회로 보인다. 기분이 나쁠 때는 모든 것이 문제로 보인다.

기분은 현실을 바꾸는 창이다. 하루는 24시간이고 그 안에는 셀 수 없이 많은 선택의 순간이 있다. 내가 어떤 말을 듣고, 어떤 생각을 품느냐에 따라 하루가 무너질 수도, 환하게 빛날 수도 있다. 주변이 아무리 소란스러워도 마음만은 조용히 중심을 잡자. 기분이란 결국 자기 자신과의 관계인 법. 늘 좋은 기분으로 산다는 건 늘 좋은 세상을 선택하며 사는 일이다.

나이 들어도 사랑스러운
사람들의 특징

∿

조금 이른 저녁 동네 식당에 들렀다. 손님이 한 명도 없어서 영업시간이 궁금해 조심스레 물었다.

"저 혹시 영업은 언제부터 하세요?"

주인은 환하게 웃으며 이렇게 답했다.

"손님께서 들어오신 그 순간부터요."

그 한마디에 마음이 녹았다. 소주 한 병을 주문해 지인과 마주 앉았는데, 그날따라 소주가 유난히 달콤했다. 그래서 장난스럽게 말을 건넸다.

"여긴 소주도 참 달콤하네요."

8. 평생 나를 데리고 근사하게 사는 법

그는 잠시도 망설이지 않고 이렇게 말했다.

"손님께 드리려고 특별히 달콤한 소주를 받아 뒀죠."

그 짧은 대화 속에 나는 그의 일생이 보였다. 타인을 기분 좋게 하는 말이 몸에 밴 사람. 그는 이미 오래전부터 사랑받으며 살아 온 사람이었다. 그런 사람들에게는 공통된 기품이 있다.

1. 자신의 잘못을 스스로 인정하고 사과한다.
2. 서툰 충고나 조언을 쉽게 하지 않는다.
3. 잘나가던 과거 이야기를 굳이 꺼내지 않는다.
4. 젊은 사람에게서 매일 무언가를 배운다.
5. 함께 있으면 지혜로워지는 기분이 든다.
6. 자기 관리가 철저해서 폭식이나 폭음을 하지 않는다.
7. 다정해서 말 한마디조차 선물처럼 들린다.

살다 보면 깨닫게 된다. 지혜로운 사람은 결국 다정한 대화를 나눌 줄 아는 사람이라는 것을. 그들은 인생의 무게를 오래 견뎌 왔지만 그 무게를 결코 남에게 짐 지우지 않는다. 대신 한마디 말로 마음을 다독이고, 한 줄의 미소로 공기를 따뜻하게 바꾼다. 그들의 곁에 있는 것만으로도 기분이 좋아지는 이유는 그들의 말이 사랑으로 흘러나오기 때문이다. 나이 들어도 사랑스러운 사람들은 늘 상대의 언어로 말한다. 하고 싶은 말을 하는 대신 상대가 듣고 싶은 말을 선물처럼 건넨다. 계산된 친절이 아니다. 그들의 언어에는 인생의 온기와 품격이 담겨 있다. 그래서 우리는 그들을 보면 '나도 저렇게 늙고 싶다.'라는 생각이 든다. 말 한마디로 세상을 다정하게 만드는 사람이야말로 나이 들어도 사랑스러운 사람이다.

자기 분야의 대가가 되면
뒤늦게 깨닫는 것

사람들은 빠른 은퇴를 꿈꾼다. 더 이상 일하지 않아도 되는 삶, 돈 걱정이 없는 삶을 꿈꾸며 산다. 하지만 그건 생각보다 오래가지 못한다. 중간에 일을 멈추면 잠깐은 여유로울지는 몰라도 길게 보면 오히려 자신을 잃게 된다. 경제적으로 아무리 넉넉해도 마찬가지다. 일이 없는 삶은 결국 사는 의미가 사라진 삶이나 다름없다. 죽는 날까지 미치도록 일만 하라는 말이 아니다. 단지 나이 예순이든 일흔이든 내가 사랑하는 일에서 작게라도 수입이 나는 삶이 진짜 잘 사는 삶이다. 적게라도 일하고, 적게라도 버는 사람은 여전히 '살아 있다.'라는 감각을 느낀다. 그 일의 대가로 돈보다 더 큰 선물인 성취감과 자존감을 얻게 되니까. 자기 분야의 대가가 되면 뒤늦게 깨닫게 되는 것들이 있다. 가능하다면 이 귀한 깨달음을 너무 늦기 전에 알아차리면 좋겠다.

1. 성실함이야말로 가장 위대한 재능이다.
2. 좋은 결과는 세상이 내게 준 선물이다.
3. 친절한 태도는 배우거나 가르칠 수 있는 게 아니다.
4. 끝까지 하는 사람이 결국 가장 잘하게 된다.
5. 중간에 포기하지 않으면 뭐든 이루어진다.
6. 실천이란 어떤 지식보다 강력하다.
7. 변치 않는 오래된 꿈은 마침내 보석이 된다.

이 문장들을 눈으로만 읽지 말고 꼭 손으로 필사하며 마음으로 느껴 보라. 글로 옮기는 동안 손끝을 지나 말의 온도가 마음에 새겨질 것이다. 그래서 나는 오늘도 사람들에게 글쓰기를 권한다. 글쓰기는 단순한 표현이 아니라 자신의 세계를 구축하는 과정이니까. 어휘력과 표현력이 풍부한 사람은 나이 들어서도 자신을 지키며 일할 수 있다. 그게 바로 평생 현역으로 사는 힘이다. 지혜롭게 사는 사람들은 마흔 이전에 글을 쓰기 시작한다. 그들은 안다. 언젠가 이 글들이 자기 인생을 구해 줄 거라는 걸. 그러니 지금부터 시작하라. 조용히, 그러나 꾸준히. 그게 당신의 꿈을 보석으로 바꾸는 가장 확실한 길이다.

버림받는 것에 대한 두려움을
버려야 성장한다

누군가 나를 차단했다면 그 이유를 굳이 찾아내려 애쓰지 말라. 차단의 이유는 그 사람의 마음에 달린 것일 뿐이니까. 그건 내가 바꿀 수 있는 일이 아니며 그저 그의 선택이었을 뿐이다. 그 이유를 찾아내다 보면 결국 나만 다시 무너진다. 상처를 복기하느라 시간을 낭비하다 정작 지금 해야 할 일을 놓치게 된다. 설령 그 이유를 기적처럼 알아낸다 해도 내 삶에 일어나는 변화는 아무것도 없다. 오히려 감정의 무게만 늘어나 더 지치게 될 뿐이다. 모든 것의 이유를 알아야 한다고 생각하지 말라. 특히 부정적인 일에 대해서는 더더욱. 누가 나를 비난했는

8. 평생 나를 데리고 근사하게 사는 법

지, 누가 나를 떠났는지 그걸 굳이 찾아보고 확인할 필요는 없다. 그의 선택은 그의 문제이지 내 존재의 결함은 아니니까.

1. 그가 나와의 관계를 끊는 건 그의 손해지 나의 손해가 아니다.
2. 나는 버림받은 것이 아니라 혼자 생각할 시간을 선물받은 것이다.
3. 작은 일 하나에 자책할 필요가 없다. 나는 몫을 다했을 뿐이다.
4. 이별은 끝이 아니라 더 나은 인연을 위한 시작이다.
5. 세상은 넓고, 나를 사랑하고 아낄 사람은 여전히 많다.
6. 내가 나를 신뢰하고 사랑하는 한 나의 가치는 사라지지 않는다.
7. 나는 타인을 위한 쓸모가 아닌, 나 자신의 쓸모를 위해 존재할 것이다.

어떤 순간에도 나는 내 일을 하는 사람이어야 한다. 비난과 차단의 이유를 캐묻는 건 내 일이 아니다. 누군가 내 글과 말을 읽지 않기로 했다는 건 새롭게 내 말을 듣고 싶어 하는 이들이 오고 있다는 뜻이다. 가면 오는 것이 있고, 오면 가는 것이 있다. 그게 인생이다. 그러니 떠나는 사람을 붙잡느라 시간을 낭비하지 말자. 떠나는 사람에게는 그만의 이유가 있고 나에게는 나만의 길이 있다. 버림받는 두려움을 내려놓는 순간 비로소 당신은 버티는 사람이 아니라 성장하는 사람이 된다.

8. 평생 나를 데리고 근사하게 사는 법

࿙

품격 있는 태도는
내가 나를 사랑하는 방식이다

여기까지 책을 읽어 내려온 당신은 아마도 내면에서 일어나는 작은 변화를 느끼고 있을 것이다.

'나는 생각보다 훨씬 많은 가능성을 품은 사람이고, 그래서 나를 더 사랑해도 되겠구나.'

이 조용한 깨달음은 결코 사소하지 않다. 자신의 가능성을 믿는 사람은 힘든 일을 겪어도 함부로 단정 짓거나 아무렇게 행동하지 않는다. 자신이 지닌 가치를 알고, 그 가치를 사랑하기 때문이다. 불필요한 분노나 품위 없는 반응이 서서히 사라지고, 그 자리에 차분함과 단단함이 자리를 잡기 시작한다. 그렇게 사는 나날은 사뭇스레 성장의 나날이 되고, 매 순간이 자신을 더 깊이 이해하는 시간으로 바뀐다.

　우리는 자신을 충분히 사랑하지 못하기 때문에 원하는 태도에 닿지 못한다. 사랑이 부족하면 확신도 약해지고, 확신이 약해지면 행동과 말은 쉽게 무너진다. 하지만 잊지 말아야 한다. 당신은 이미 성공과 성장을 위해 필요한 것들을 모두 지니고 태어난 사람이라는 걸. 다만 그 가능성을 꺼내어 빛나게 만들어 줄 태도가 아직 준비되지 않았을 뿐이다. 물의 바닥이 보이면 그 공간에 물고기가 머무를 수 없듯 사람도 태도가 바닥을 보이면 제 삶 안에서 스스로 숨 쉴 공간을 점점 잃게 된다. 한 사람의 품격은 그가 앞으로 어떤 모습으로 살아갈지 미리 보여 주는 지도와 같다. 태도는 삶의 방향이고, 경로이며, 우리가 매일 걸어가는 보이지 않는 길인 셈이다. 우리가 인생을 살아가는 한 길을 벗어날 수도, 무시할 수도 없다. 세상과 사람, 그리고 일상의 온갖 장면들은 지금 이 순간도 우리에게 말을 걸고 있다. 그 태도 속에 지금까지 쌓아 온 삶의 모든 층위가 고스란히 비친다. 그러니 이제부터는 자신을 조금 더 많이, 조금 더 세심하게 사랑하자. 내가 나를 사랑하는 방식이 곧 내가 세상을 대하는 태도의 질을 결정하게 마련이니까.

스스로 건네는 존중의 정도가 곧 인생의 깊이가 되고, 그 깊이는 아무도 흉내 낼 수 없는 당신만의 품격이 된다. 그리고 언젠가 당신의 말투와 걸음, 반응과 침묵에서 '아, 내가 조금 달라졌구나.' 하고 변화를 가장 먼저 알아차리게 될 것이다.

내가 선택할 수 있는
품격 있는 태도에 관하여

초판 1쇄 발행 2025년 12월 22일
초판 2쇄 발행 2026년 2월 12일

지은이 김종원
펴낸이 민혜영
펴낸곳 오아시스

주소 서울특별시 마포구 월드컵로14길 56, 3~5층
전화 02-303-5580 | **팩스** 02-2179-8768
홈페이지 www.cassiopeiabook.com | **전자우편** editor@cassiopeiabook.com
출판등록 2012년 12월 27일 제2014-000277호

ⓒ김종원, 2025
ISBN 979-11-6827-393-1 03190

- 오아시스는 (주)카시오페아 출판사의 인문교양 브랜드입니다.
- 잘못된 책은 구입하신 곳에서 바꿔 드립니다.
- 책값은 뒤표지에 있습니다.